JN437004

# 그곳엔 물레방아집은 없었네

금물결 은물결 銀波 제3수필집

# 그곳엔 물레방아집은 없었네

수필과비평사

## | 머리말 |

창밖을 본다. 날로 짙어가는 연둣빛 산 색에 도취된다. 두 번째 수필집 역마살을 출간한 지 5년이 지났다. 순수 서정수필집을 출간하려 했다. 그러나 세상이 가만두지 않았다. 글 쓰는 사람의 사명감이라기보다 본분을 다하라는 의무로 여겼다. 세상 이야기, 그중에서도 사람의 삶을 윤택하고 행복하게 하여야 하는 최우선은 올바른 정치다. 즐겁고 행복한 놀음판이 아닌 난장판인 정치판–한심한 패거리 입법부, 정의롭지 못한 사법부, 무능한 행정부, 정치후진국 대한민국의 민낯을 보며 참을 수 없었다. 국민이 결코 행복하지 못했다. 나 역시 편치 않았다. 상심하고 분노하며 내 나라 정치판을 걱정하고 비판하며 쓰지 않을 수 없었다.

“높은 문화의 힘으로 세계에서 가장 아름다운 나라가 되기를 원한다.” 존경하는 백범 선생님이 한 세기 전 꿈꾸던 우리나라가 되기를 간절히 소망한다.

수필도 에세이도 칼럼도 아닌 어설픈 책 한 권을 세상에 선보인다. 무척 부끄럽고 아쉬울 뿐이다. 늘 출간 때마다 엄습하는 자괴감을 추슬러 다음 출간 시 부끄럽지 않을 각오를 다시 한다.

2019년 오월이 깊어가는 진안고원 산막 대일원에서

금물결 은물결 은파銀波 **김 재 환**

| 차례 |

## 제2부

## 제3부

## 제4부

## 제5부

01

# 그곳엔 물레방아집은 없었네

구산리 가는 길은 팔월 끝자락 한여름인데도 안개가 자욱했다. 아침이라 그럴까. 주변 낙동강과 주남저수지 우포늪에 에워싸인 마을 구산리는 낙동강 중류 강변마을이다. 본포나루 앞에서 심호흡을 하고 낙동강 다리를 건넜다. 학포리 삼거리에서 자동차를 멈추고 다짐을 확인한다. 강변 양안兩岸 낙동강나루터 포플러와 버드나무 숲 사이로 물안개가 피어오른다. 희뿌옇게 아침을 열고 있었다. 신비롭고 몽환적이다. 물안개 위로 그의 모습이 흐릿하게 나타나 강바람 속으로 스멀스멀 사라진다.

팔구십 년대, 꽤 많이 오갔던 온천 부곡하와이는 신혼여행지 휴양지로 각광받던 곳이었다. 오늘부터 B호텔에서 모지母紙가

주관하는 문학단체의 여름 세미나가 하룻밤 이틀 낮 열린다. 창원에서 살다 진해 불모산자락 자은지구 새집으로 이사한 불알친구의 집도 둘러보고 회포도 풀 겸 어제 이 지역에 왔었다. 그리운 회원들의 얼굴들이 스친다.

그와의 첫 만남이자 마지막 만남은 10대 끝자락 이었으니 반 세기가 다 되어간다. 꽤 긴 세월이 우리를 가르고 강물이 흘러갔다. 이 세상 고뇌를 다 짊어지고 끙끙대며 살아가던 열여덟 살, 만추였다. 능금과 미인의 도시, 대구를 거쳐 경산을 찾아가고 있었다. C대학과 D대학이 통합하여 Y대학교가 되었다. Y대학이 주최한 전국고교생백일장대회에 입상하여 수상자 자격으로 시상식에 참석하는 중이었다. 그곳은 두 번째였다. 처음은 중학교 수학여행 때 신라고도 경주를 다녀오면서 스친 기억이 또렷하다. 비포장신작로의 흙먼지를 뒤집어쓴 빨간 능금이 뿌옇게 매달려 있던 과수원의 풍경을 지금도 잊지 못한다. 사과의 주산지 대구 근교 경산군이었다.

그는 초겨울 파르스름한 새벽 연기 같았다. 가냘픈 새하얀 코스모스였다. 날렵한 청자와 백자가 혼재된 실루엣이었다. 괴기스러울 정도로 신비감이 감돌았다. 결코 가볍지 않은 아픔과 슬픔을 느꼈다. 왜 그의 첫인상이 지금까지 뚜렷하게 각인되어 오래 남아 있는 걸까?

대구 K여고에 다니며 이름은 L, 내가 아는 그의 프로필 전부였다. 그와 나에겐 Y대학 4년간 장학금 수혜와 입학 특전이 주어졌었다. 나는 나의 길 파란 창공에서 노닐기 위해 보라매가 되었고, 그는 그 학교 재학생이 되었음을 훗날 알았다.

당일 오전 중으로 물레방앗간의 그림자와 L의 흔적을 밟고 싶었다. 그러나 이 길은 처음이었다. 기약 없는 먼 훗날을 위해 아껴 두었었다. 아니 피했었다는 게 옳을 것이다. 우연과 필연 사이를 서커스 하듯 일부러 다른 길을 밟아 부곡온천을 오고 갔었다. 그날이 오늘인 것 같다.

지난 반세기 가까운 세월, 주남저수지에서 철새들과 노닐고, 화왕산 바람의 억새와 속삭였고, 우포늪 수초 밑으로 영원히 가라앉아 침잠하고 싶었던 순간들도 있었다. 진해 여좌천과 안민고개에서 도에 넘치는 순백의 벚꽃과 정염을 불사르던 짧은 생애를 빛내고 싶었던 나날들, 온천 마금산에 와서도 강 건너 등불만 쳐다보다 외면했던 구산리. 아련한 추억의 한 페이지로 남겨두고 싶었는지도 모른다. 가슴이 쿵쾅거리고 목젖이 타 올랐다.

시상식을 마치고 한 달쯤 지난 첫눈이 올 무렵, 학교에서 낯선 편지한 통을 받았다. 그 후 젊음의 고뇌와 방황, 불투명한 앞날의 진로, 이런저런 잡다한 이야기가 편지봉투 속에 실려 전주와 대구를 넘나들었다. 한 해를 넘긴 뒤 편지의 발송지가 경상남도 창녕군 부곡면 구산리 물레방아집으로 바뀌었다. 마을 이름도 번지도 없었다. 그래도 편지는 별 탈 없이 소백산맥을 넘어 호영남을 잘 오고갔었다. 2년여간 편지가 오갔다. 쇼펜하우어, 키에르 케고르, 카뮈의 〈이방인〉과 〈시시포스의 신화〉, 철학이 뭔지도 모르며 문학과 철학 이야기로 유식한 체를 했었다. 편지가 끊기었다. 서로 자연스레 이러구러 멀어져 갔다.

몇 년이 지나 한 통의 편지를 어렵게 받았다. 편지봉투의 글씨는 기품 있고 깔끔하며 고아한 L의 글씨와 비슷한 듯했지만 아니었다. 보내는 사람 역시 L이 아니었다. L의 동생이라고 자기소개를 한 뒤, 편지가 끊긴 사연과 언니는 오랫동안 앓아온 몹쓸 병을 끝내 이기지 못하고 샛노란 은행잎 따라 만추 속으로 스무 살 안타까운 삶을 마감하였으며, 나를 단 한 번만 보고 싶어 했으나 뜻을 이루지 못하고 홀연히 떠나 버렸다는 행간을 읽으며 그 위에 눈물이 떨어졌다. 어깨너머로 오고간 사연을 알기에 오랫동안 인내하다 인내의 한계점에 다달아 묵은 소식을 전한다 했다. 자기도 언니의 뒤를 이어 국문학을 전공하였고 교단에 서 있다는 사연이었다.

구산리 마을이 가까워질수록 초조하고 불안했다. 마을 뒤편에 제법 높은 산이 있고 드넓은 벌판은 부촌이었을 것 같았다. 물레방앗간이 있었을 만한 곳은 아니었다. 마을회관을 찾았다. 팔순을 넘기신 토박이 어른들과 반세기 전으로 세월을 되돌려보았다. 80여 년 이전은 몰라도 살아생전 물방아집은 없었단다. 큰 정미소가 있던 곳을 가리켜 준다. 정미소집의 집안 내력과 가족관계, 이곳을 떠난 지 오래되었고 형제들은 서울과 대구 부산 등에서 살고 있단다. 모든 게 어렴풋 짐작이 되었다. 물레방아집이 정미소이었을 뿐 모든 게 다 맞았다. 그녀는 정미소가 싫었을 것이다. 로맨틱한 뉘앙스의 물레방앗간이기를 꿈꾸었을 것이다. 정미소는 큰 주택으로 변해 있었다. 문명이 동네 정미소를 역사 속으로 내쫓아버렸다.

산촌에 고향을 둔 나는 물레방앗간의 기억이 새롭다. 방아도 찧고 전기를 생산, 전등불 아래서 책 읽고 스피커 방송을 들으며 저 먼 세상과 소통할 수 있었다. 삐걱거리며 쉼 없이 돌아가는 물레방앗간의 추억은 이효석의 〈메밀꽃 필 무렵〉의 물방앗간보다 더 아련하다.

1박 2일 세미나 기간 내내 내 정신은 구산리 물방아집 주변만 맴돌고 있었다.

금아 피천득 선생은 아사꼬와 세 번째 만남을 후회하였다. 그러나 나는 단 한 번의 만남도 후회해 왔었다. 두 번째 세 번째 만남이 없었기에 애틋한 그리움으로 남아 있는지도 모른다. 반세기 만에 찾아간 길은 아니 감만 못하였다. 추억하러 간 길은 잊으러, 버리러 찾은 길이 되었다. 케케묵은 추억의 편린을 멀리 던져 흘려보내자. 돌이켜 생각해 보니 그것은 사랑도 연민도 아니었다. 동질성을 가진 차진 우정이었다. 야무진 정한의 끈을 이제는 풀어 놓아 버리자. 세미나를 마치고 돌아오는 길, 낙동대교에서 바라보는 하오의 햇살은 누부시게 빛났다. 금물결 은물결이 차디찬 겨울하늘 별처럼 찬란하게 반짝이고 있었다.

그가 자주 인용한 "이상과 현실의 부조리 속에서 방황하고 고뇌하며 힘겨운 하루를 엮는다. 아침에 눈뜨면 살아 있다는 것에 감사하기보다는 죽지 않은 자신을 증오한다."는 글귀에서 그녀의 죽음의 그림자를 엿보았었지만, 그때 나는 그에게 아무런 도움을 줄 수 없었다.

# 그리운 사람끼리

그녀가 돌아왔다. 한 세대世代만에 바람처럼 홀연히 내 가슴 속으로 왔다. 슬그머니 떠날 때처럼 많은 이야깃거리를 갖고 말이다. 꾸밈없는 본디 그대로 순수한 모습이다. 블루진 청바지 대신 단아한 드레스 차림이다. 여전히 화려하지 않은 수수한 차림새다. 세월의 흔적, 얼굴의 주름살을 감추려 옅은 화장을 했음을 사죄하며 고백한다. 만추의 가을밤 초저녁 J대학 캠퍼스는 낙엽이 한잎 두잎 지고 있었다. 붉은 단풍잎은 가로등 불빛에 타 새빨갛게 변신하는 로맨틱한 밤이다. 3천 석 콘서트장은 붐볐으나 그의 노래처럼 고요가 차분히 어둠처럼 짙게 깔려 내리고 있었다.

우리 모두 잊혀 진 얼굴들처럼
모르고 살아가는 남이 되기 싫은 까닭이다.

기를 꽂고 산들 뭐하나
꽃이 내가 아니듯 내가 꽃이 될 수 없는 지금
물빛 몸매를 감은 한 마리 외로운 학으로 산들 뭐하나

관람석 전등이 꺼진다. 푸르스름한 조명불빛이 새벽연기 깔아 내리듯 객석을 휘감아 무대로 향해 꽂힌다. 스르르 무대의 커튼이 걷혀 오르고 반세기 가까운 옛 시절로 회귀한다. 거친 야성과 젊은 지성과 이성으로 방황하고 고뇌하던 암울했던 유신시대, 1970년대 초를 잊을 수 없다. 그리운 목소리, 보고 싶은 얼굴이다. 화장기 없는 민낯, 통기타를 들고 소파에 걸터앉아 박인환의 시 〈얼굴〉을 그 특유의 정갈하고 고아한 목소리로 낭송한다. 천상의 디스크자키다.

그간 궁금해 하던 30년의 시공, 고국을 떠나 이국에서 활동한 한 세월의 소회를 남의 일처럼 담담하고 차분하게 들려준다. 금년 노벨문학상 수상자로 결정된 미 팝가수 겸 싱어 송 라이터 '밥 딜런'을 잠시 언급한다. 그와 비슷한 인생역정이다. 반전운동에 앞장선 그의 길이 독특한 길이었음이리라. 그에게도 의외의 신선한 충격으로 다가왔었나 보다.

"고동을 불어 본다 하얀 조가비~" 기타를 켜며 〈하얀 조가비〉와 〈겨울바다〉를 부른다. 그가 한참 주가를 높이던 시절, 나는 학업을 쉬고 동해안 바닷가 S시에서 군복무를 하고 있었다. 눈보라 폭설이 휘몰아치던 설악의 준령과 골짜기, 으르렁대던 동해 겨울바다. 음악과는 거리가 먼 편인 나였지만 세시봉에서 탄생한 트윈 폴리오와, 독특한 음색의 국내 최초 혼성 듀엣 뚜아에 무아(toi et moi)의 노래를 즐겨 듣고 있었다. 인기 절정인 혼성 듀엣은 해체되고 나의 기억에서 멀어져 갔다. 박인희는 홀로 솔로로 돌아와 고운 노래를 들려주었다.

"한 잔의 술을 마시고 우리는 버지니아 울프의 생애를" 로 시작하여 "술병에서 별이 쏟아진다."로 이어지는 박인환의 시에 곡을 붙인 〈목마와 숙녀〉, "지금 그 이름을 잊었지만 그 눈동자 그 입술은 지금도 남아있네"의 〈세월이 가면〉을 들려준다. 그 옛날만 못한 것 같으나 크게 다르지 않다. 하도 오랜만이라 조그만 허물은 다 감춰진다. 아니 한 세대 만에 만난 그의 팬들이 감싸준다. "모닥불 피워놓고" 〈모닥불〉의 멜로디가 들려온다. 남해안 어느 바닷가 하얀 포말과 흑사장黑沙場의 젊었던 날을 회억한다. 열혈남아 미완의 청춘, 방황시절을 거치면서 〈방랑자〉를 부르지 않을 순 없었다. 우리들의 자화상이다. 세월의 흔적, 세월의 더께이다.

박인희를 말할 때 팝가수, 디스크자키, 음유시인, 별호가 많은 70년대의 빼어난 예인이었다.

그의 목소리는 밀어처럼 속삭이듯 서정적이며 달콤하다. 노랫말에 쉬 빠져드는 강렬한 흡인력이 있다. 순수 순결하여 숫처녀의 성스런 떨림이 있다. 서늘한 우수와 지성의 고독을 발산한다. 저 산 너머 미지의 세계의 신선한 그리움을 갈구한다. 산골짝 흐르는 맑고 고운 물소리, 재잘대는 강여울 소리를 느낀다. 호수 위를 스치는 바람결에 이는 은물결의 반짝임을 본다.

수녀시인 이해인과는 고교동창이며 절친한 동무라고 한다. 문학 활동을 같이 했고 시집을 같이 내기도 했단다. 두 사람의 시어는 맑고 곱다. 그리고 애잔한 슬픔이 잔잔히 깔려있다.

동시대 아픔을 노래로 같이 승화시켰던 송창식이 게스트로 나와 박인희의 틈새를 돕는다. 다들 칠순에 서 있는 할매 할배다. 그러나 노래할 때는 영락없는 스무두 살 젊은 청춘이다. 공연장을 꽉 메운 관중이나 전국에서 모인 팬 카페 회원들 다 중후한 백발의 중장년들이다. 콘서트홀은 옛 추억의 애증이 감돈다. 다 같이 자리에서 일어서고, 공연장의 통로에 서서 낯모르는 타인끼리 손잡고 어깨동무하며 노랠 부른다. 그녀의 노래를 좋아하는 아름다운 죄 때문에 모닥불을 피우고, 끝이 없는 길을 읊조리며 걷고, 세월아를 한탄하며 가슴을 쥐어뜯는다.

생면부지의 옆 사람들과 손과 손을 잡고 "그리운 사람끼리 두 손을 잡고 마주보고 웃음 지며 함께 가는 길" 〈그리운 사람끼리〉를 부른다. 아린 스무 살을 갓 넘긴 설은 나이에 같이 울고 웃었던 세월의 흔적, 외롭고 그리운 고독이란 병을 앓은 동지애의 희열인지 환우들의 몸부림인지도 모른다. 콘서트홀의 커튼이 천천히 내려와 무대와 객석을 가른다. 조명불빛이 서서히 꺼진다. 우리의 삶도 이러하리니…….

# 나의 그리운 임

종일 내린 눈으로 산막 대일원이 적막한 설국이다. 날짐승, 산짐승, 들짐승도 기척이 없다. 외출을 접고 《백범일지白凡逸志》를 편다. 심동深冬 눈보라 속에 한 세기 전으로 시간 여행을 떠난다. 황해도와 한반도 만주와 중국대륙, 엄동설한에 허허벌판을 헤매는 힘없는 식민지 국민의 고행 길을 눈으로 보듯 생생하다.

사람들은 대부분 존경하는 한두 사람을 가슴속에 품고 살아간다. 인생의 표상으로 삼고 그 사람처럼 되고 싶어 하기도 한다. 근래 정치지망생이나 대통령을 꿈꾸는 사람들 중에 적지 않은 이들이 백범 김구 주석을 존경하는 사람으로 꼽는 걸 본

적이 많다. 진심이라기보다 표를 얻기 위한 수단으로 보이는 건 나만의 생각일까. 오래전 상하이와 충칭에서 대한민국 임시 정부청사를 살펴본 적이 있었다. 나라를 망치고 후퇴시킨 몇몇 대통령들의 방명록을 보면서 씁쓸했다. 그 기록과 임기 중의 업적은 영 다른 모습이었기 때문이다.

내게도 백범은 나의 그리운 임이다. 백범은 효자였다. 그는 반상班常의 구별이 뚜렷했던 조선조 말, 몰락한 양반의 후예로 태어났다. 울분을 새기며 정의롭고 기품 어린 부모님께 평생 효도를 했다. 그는 현명하고 자애로운 아버지이기도 했다. 만혼이라 중년에 얻은 손자뻘 나이의 어린 자식들이 있었다. 그는 언제 죽을지 모르는 혁명가의 곤고한 삶 속에서도 시간을 쪼개어 일지를 쓰기 시작했다. 《백범일지》는 바로 아이들에게 남긴 일종의 유언장 같은 것이었다.

백범은 무엇보다 최고의 애국자였다. 평생 사심 없이 조국인 조선독립을 위하여 자신을 불사르고 희생하였다. 대단한 용기와 담력을 갖춘 쾌남아로서 기골이 장대했고 용맹스러웠다. 치하포에서 칼 찬 일본군 장교를 맨주먹으로 때려죽인 일은 영웅적 기개를 가진 그의 면모를 엿볼 수 있는 사건일 것이다.

"대한민국 청사의 문지기나 청소부가 되고 싶다." 김구의 겸

손함을 엿볼 수 있는 대목이다. 무릇 사람들은 행적을 기록하는 자서전에 자기를 미화하고 정당화한다. 일지란 제목 그대로 평범하고 소소한 얘기를 꾸밈이나 과장 없이 담담하게 써내려갔으나 면면이 그의 인간됨과 철학을 엿볼 수 있었다. 백범일지가 日誌가 아닌 逸志인 것은 나이 든 뒤에야 알았다.

백범은 훌륭한 문장가였다. 쇠락해가는 조선 말기에 한학을 했을 뿐 신학문은 접하지 못했다. 그러나 《백범일지》나 〈나의 소원〉은 심오한 인생관과 역사의식, 독립정신과 세계관, 철학과 사상을 담은 훌륭한 한 권의 에세이집이다.

백범은 명석한 전략가였다. 윤봉길, 이봉창 열사 동지들을 희생하면서 치밀한 계획을 세워 일왕 암살 폭탄 투척과 일본 제국주의에 분연히 항거, 자주독립의 길을 앞당겼다. 동시에 백범은 위대한 지도자였다. 늘 나를 낮추고 남을 공경하는 겸양의 리더십을 발휘, 갖은 난관을 헤치고 중국대륙을 옮겨 다니며 임시정부를 이끌었다.

올해 초 흐트러진 마음을 다잡을 겸 천릿길 백범기념관을 찾은 일이 있었다. 환국 후 임시정부 청사와 거처로 쓰이던 경교장京橋莊에서 망연자실했다. 파란만장한 생을 마감한 비극의 현장, 안두희의 흉탄을 맞고 이승을 하직할 때 입었던 피로 얼룩진 흰옷을 보았다. 적이 아닌 동족에게 죽임을 당했으니 얼마나 비통한 일인가. 통일된 조국을 이루려 부단히 노력하다 정적政敵의 충견忠犬에게 죽임을 당한 곳, 완전 독립과 통일조국의 기회가 무너진 곳. 평생 동지였으나 권력에 눈멀어 분단조국을 만든 암살 배후자는 정작 살아남아 일국의 대통령이 되고 장기집권까지 했다.

백범의 갑작스런 서거로 인해 대한민국은 혼란과 수렁에 빠졌다. 백범을 말할 때면 우남 이승만을 빼놓을 수 없다. 두 사람은 동향인이며 동지였으나 통치 이념이 다른 정적이었다. 백범이 국가 수반이 되었다면 나라의 운명 또한 크게 바뀌었을지 모른다. 친일은 보다 일찍 청산되었을 것이고 독재와 분단도 없었을 것이다. 아니, 한국전쟁도 발발치 않았을 것이다. 지금쯤 경제적, 문화적 선진국이 되어 세계를 선도하는 나라가 되었을지도 모른다.

백범 암살의 주동자인 이승만은 친일 잔존 세력과 공생하며 독재정치를 했다. 그의 통치 기간에 한국은 빈곤국이 되었고, 한민족 최대의 비극인 한국전쟁이 일어났다. 전쟁이 일어나자 한강철교를 폭파하고 부산으로 피신한 대통령. 부정선거로 장기집권을 꿈꾸다 해외로 망명, 이국에서 죽음을 맞는 치욕적인 대통령. 일국의 대통령을 지냈으나 국민과 민족에게 존경은커녕 조롱받는 역사의 인물. 죽어서야 고국 땅에 묻힌 비굴한 대통령의 오명을 역사가 증언하고 있다.

의인의 죽음은 흉탄 한 발에 끝나지 않았다. 백범은 통일조국을 못 보고 생을 마감했으나 사후 역사의 찬란한 조명을 받아 존경받는 인물로 길이 남았다. 그는 진정한 평화주의자이며 애국자였다. "나는 우리나라가 세계에서 가장 아름다운 나라가 되기를 원한다." "오직 한없이 가지고 싶은 것은 높은 문화의 힘이다." 〈나의 소원〉 중 몇 구절을 범부로 살아온 내 가슴에 새겨 두었다. 설국의 밤은 적막하지 않았다.

* 일지逸志: 세속을 떠난 고결한 뜻.

# 백사장의 빨간 산토끼

수동대교水東大橋 한쪽 난간에서 서성인다. 호수에 반쯤 잠겨 있던 문바위는 그 옛날처럼 개선문으로 당당히 버티고 있다. 강을 건너면 대덕산 앞 양편에 늠름하게 대문처럼 서있는 네모 큰 돌기둥, 바위 위엔 한 그루씩 서 있는 우람한 아름드리 소나무가 지붕을 만들어 준다. 파리의 개선문 마냥 크고 당당한 문암門巖, 문바위라 불렀다. 그곳을 지나 산비탈 옆길, 강기슭을 걸으면 언덕 위에 조그만 강변 마을이 있었다. 반세기 훨씬 전, 무르익던 백사장 어느 봄날 풍경이 파노라마처럼 스친다. 피식 싱겁고 애잔한 웃음이 강바람에 흩날린다. 속살을 드러낸 호수 맨바닥, 옛 강변의 드넓은 모래사장을 바라다보고 있다. 용담龍

潭으로 흐르는 강물을 응시한다. 삼 년째 연이은 지독한 가뭄으로 용담댐 상류의 호수물이 메말랐다. 호수는 부끄럽지도 않은 듯 오장육부를 다 드러내놓고 있다. 드넓은 벌판 한가운데로 흑룡 백룡이 한가롭다. 물길은 옛 물길이 아니다. 반짝이던 늪도, 백사장도, 자갈밭도, 잔디밭도 사라진 공허한 풍경이 마냥 흉물스럽다. 한줄기 강바람이 수면을 스친다. 은물결이 반짝이다 사라진다. 어린 나이에 쓸쓸함을 먼저 배워버린 올된 아이, 늘 외롭던 소년은 자연스레 육갑 전 소년시절로 추억여행을 떠난다.

소년은 부모와 떨어져 큰집에 얹혀살고 있었다. 큰집 생활에 실증을 느끼면 십 리 길 강 건너 외갓집으로 달려가곤 했었다. 그해 봄철은 외가에서 학교를 다니게 되었다. 금강 상류 강촌에 사는 외로운 산촌 소년은 자운영 흐드러진 논에서 벌 나비와 놀기도 하고, 들꽃 핀 들판을 건너 기차보다 더 크고 우람한 방천을 넘으면, 마이산에서 흘러내리는 작은 내라 불리는 학천鶴川이 나오고, 큰 내라 부르는 금강은 작은 내를 품에 안는다. 학천의 작은 섶다리를 건넌다. 두 강물 사이에 형성된 벌판과 강변을 지나노라면 하늘로 솟구치는 종다리와 지지배배

봄노래를 했었다. 아지랑이 모락모락 피어오르는 몽돌 자갈밭을 분망하게 오가며 먹이 찾는 물새들과 장난을 치기도 했고, 늪에서 개구리를 잡아먹는 물뱀에게 심술을 부리기도 했었다. 풀 섶 새집에서 물새알을 줍다 종달새와 물새들에게 빰도 맞고 뒤통수를 쪼이기도 했었다. 금강을 건기에는 강여울에 놓인 긴 섶다리를 건너고, 우기에는 여울 위 능수에 매여 있는 나룻배를 타고 큰집과 외갓집을 오갔었다.

어느 날부터 강 건너 모래사장에 빨간색이 잘 어울리는 귀엽고 깜찍한 소녀가 혼자 놀고 있었다. 몇 차례 무심히 지나쳤는데 어느 날 조약돌을 던져 내게 기척을 보냈다. 아무 말 없이 빙긋 웃음을 건네고, 산토끼처럼 날렵하게 모래밭을 뛰어갔다. 강 건너 대덕산 산비탈에 있는 당집으로 뛰어가 숨곤 했다. 어떤 날은 바위 뒤에, 어느 땐 섶다리 밑에 숨었다가 나를 깜짝깜짝 놀라게 했다. 처음엔 버버리인 줄 알았다. 여동생 또래 같아 대수롭지 않게 여겼다. 장난이 계속 이어지자 화가 나기 시작했다. 붙잡아 혼내주고 싶었다. 초등학교 1학년쯤 돼 보이는데 왜 학교를 안 다니는지, 이름은 뭐고 어디서 살다 왜 이곳으로 와 사는지 날이 갈수록 궁금하였다. 매일 백사장에 나와 홀로 놀다, 내가 지나칠 때면 때맞춰 장난을 걸고 줄행랑을 치는 사연에 호기심과 궁금증이 자꾸 커져만 갔다. 그 애도 나처럼 무척 심심하고 외로운 애였을 것 같았다. 차츰 그애의 장난질이 궁금해지고 은근히 기다려지곤 하였다.

그날은 몸이 아프다는 핑계로 학교에서 조퇴를 하였다. 작심을 하고 백사장 바위 뒤에 숨어 소녀를 기다렸다. 소녀를 잡아 자초지종을 밝혀 궁금증을 해소하고 싶었다. 시간이 되어도 나타나지 않았다. 되레 내가 초조해지기 시작했다. 기다리다 지친 내가 오히려 그를 찾았다. 당집 앞 둥구나무 위에서 다람쥐처럼 뛰어내려 '호호~해해' 나를 놀리며 한 마리 날렵한 산토끼가 되어 백사장을 요리조리 깡충깡충 도망치곤 했다. 발목까지 빠지는 모래밭에서 그녀를 붙잡기란 여간 쉬운 게 아니었다. 잡힐듯하면 옆으로 빠지고 덮칠듯하면 발목이 모래에 미끄러져 빠지곤 했다. 그애를 움켜잡고 낚아채기가 결코 만만치 않았다. 몇 번을 실랑이 쳐도 미꾸라지 빠지듯 잘도 빠져나갔다. "약 오르지~ 메롱!" 나를 놀리는 여유까지 부렸다. 모래밭에서 어린 소녀를 잡기란 강아지가 산토끼 잡기보다 더 힘들었다. 도저히 이 방법으론 그 애를 잡을 수 없었다. 꾀를 내고 요술을 부려야 했다. 잔머리에 약한 우직한 나지만 어쩔 수 없었다. 내가 그 애를 붙잡는 걸 포기한양 가까이 뒤쫓다 돌부리에 걸려 넘어진 것처럼 "아~악!" 비명을 지르며 고꾸라 나뒹굴었다. 뜨겁게 내리쬐는 햇볕 아래 백사장에 드러누워 눈을 까뒤집고 입에선 가재거품을 내뱉으며 하늘에 흐르는 구름을 바라다보았다. 지쳐 힘겨운 숨찬 소리만 강변에 가득 찼다. 혼절한 모습으로 헐떡이며 누워 있었다. 잠시 뒤 소녀는 제가 이겼다는 듯 의기양양, 숨차 헐떡거려 쓰러진 내 곁으로 조심조심 다가왔다. 만사 포기한 것처럼 고양이 앞에서 쥐 죽은 듯, 지쳐 쓰러져 기절한 듯 명연기를 하고 있었다. 빗자루 매는 댑싸리 한 가지를 꺾어 내 얼굴을 간질여 반응을 확인하였다. 실눈으로 그애가 사정권 안에 들어올 때까지 간지러움과 웃음을 참고 있었다. 간지럼과 웃음을 참기란 여간 고통이 아니었다. 소녀는 내가 기절한 줄 알고 얼굴 가까이 숨소리를 확인하러 귀를 대는 순간, 이때였다. 소년은 독수리 병아리 채듯 소녀의 목을 낚아챘다. 소녀는 깜짝 놀라 꼼짝없이 소년의 몸 위에 포개 넘어졌다. 소년은 득의만만 기세 등등 소녀의 손목을 잡아 이끌고 섶다리 아래 물가 그늘로 갔다.

소녀의 이름은 ㅁㅎ이며, 지난겨울 당집으로 이사 왔고 당골네의 무남독녀 외동딸이라 했다. 학교를 가고 싶어도 보내주지 않아 매일 이렇게 집 주변 강가를 어슬렁거린다 하소연을 했다. 신기神氣가 내려 엄마로부터 무당수업을 받고 있다는 이야기를 풀어 놓았다. 왜 맨날 빨간 옷만 입느냐고 물으니 빨간색 옷이 신기를 잘 보호해 준다며 제 엄마의 명령이라 어쩔 수 없다고 말했다. 괴상한 그림과 형상, 빨간색의 공포, 괴기스러운 신당, 귀신이 사는 집이 이렇겠다는 상상을 했다. 그애를 따라 난생처음으로 무당집 신당을 보았다. 그 음습하고 괴기스런 분위기가 가끔 꿈에서 가위눌리게 하였다. 백사장을 공책 삼아 우리글과 숫자를 가르쳐주고, 강가에선 물장난치고 소꿉놀이하며 그렇게 봄철과 여름날을 보냈었다. 여름방학 동안 부모님이 사시는 부산에 가 한 달 가까이 살다 오게 되었다. 2학기가 되었다. 우기雨氣를 맞아 섶다리는 이미 철거 되었고 나룻배를 타고 강을 건너 오갔다. 소녀가 며칠이 지나도록 보이지 않았다. 그애가 왜 안 보이는지 물어볼 사람도 없었다. 들리는 소문은 먼 도시에 사는 그애 아버지가 학교를 보내기 위해 데려 갔다는 말만 무성할 뿐이었다. 무당집을 찾아가 그애 행방을 물었다. 그애 엄마는 눈물만 흘리며 아무런 대답이 없었다. 백사장의 빨간 산토끼는 그렇게 내 가슴에 강바람처럼 살며시 왔다가 강물결처럼 한철 잠시 반짝이다 허망하게 사라졌다. 외롭고 쓸쓸했던 소년 시절, 소녀와 얽힌 가슴속에 남아있는 빛바랜 실루엣, 아련한 추억으로 남아있었다.

우기가 시작 되려나 보다. 장대비가 쏟아진다. 다리 아래 강물에 동심원이 그려진다. 태풍이 몇 번 오가면 강물은 넘쳐흘러 댐을 가득 차오를 것이다. 이태동안 메말라 목마르던 호수는 물이 차 눈과 마음에 거슬리는 모든 것을 가려 덮어 줄 것이다. 숨바꼭질했던 백사장, 문바위, 당집터, 둥구나무, 섶다리 놓였던 자리, 나룻배 오가던 나루터, 나룻배를 묶어 두던 왕바위와 팽나무. 강여울은 능수로 변하여 윤슬이 반짝일 게다. 눈보라 휘날리면 강물은 꽁꽁 얼어 빙판도 반짝일 것이다. 그렇게 화우엽설花雨葉雪 사계절이 몇 번이나 반복될까.

강바람에 세월이 흐르듯 강물도 흐른다. 여섯 번이나 강산이 변했다. 상전벽해–아기자기 곱던 비단강錦江 상류 산천은 댐이 되었다. 흘러간 강물과 세월은 다시 돌아오지 않을 터, 소년 소녀의 지나간 어린 시절도 다시 오지 않는다. 어디에서 어떻게 무엇을 하며 살고 있을지 모르는 옛 소녀는, 옛터에서 서성이는 옛 소년처럼 그 한철을 그리워할까? 빨간 산토끼 한 마리가 이리저리 백사장을 깡충거린다. 세월의 흔적이다. 세월의 환영이다.

# 야명조夜鳴鳥(영혼새)

아침이 되면 봄을 알리는 낭랑한 고운 목소리들의 요정들이 초막 주변 숲속을 맴돌며 기척을 보낸다. 이슬을 머금고 살아 그런지 옥구슬 구르는 소리처럼 맑고 곱다. 그 소리에 취해 살아온 지 어느덧 스무 해가 되어간다.

올해도 어김없이 그녀가 돌아왔다. 이른 봄, 적막한 산속 숲속을 맴돌며 밤새워 피를 토해가며 애가哀歌를 부른다. 내가 듣는 가장 슬픈 새의 노래, 한 서린 울음소리 비가悲歌다. 피맺힌 슬픔의 절창 절규다. 해지고 어둠이 내려 깔려 숲속이 이슥해질 때부터, 동터 어둠이 사라지는 여명까지 밤새워 이골저골 산막을 에돌아 다니며 울어댄다. "휘이익~ 휘이익~" 한번은 빠르고 한번은 느리게, '사라사테'의 바이올린 연주곡 〈지고이네르 바이젠〉 의 숨 끊어지는 비장함, 격렬한 고음과 긴장감과 고요, 그러다 실바람 같은 기척이라도 나면 울음을 그친다. 한 박자 쉬고 날아 자리를 옮겨 연주한다. 야릇한 휘파람 소리 같으면서도 아닌, 사람이나 그 어떤 악기로도 도저히 흉내 낼 수 없는 신비로운 영혼의 소리다.

아무리 보려 해도 제 모습을 보여주지 않는다. 하기야 밤에만 소리를 내니 조류학자나 전문가가 아니고선 언감생심 상상도 못한다. 그저 봉황이나 불사조 같은 상상의 새려니 생각한다. 이곳 적막강산으로 와 처음 맞던 봄밤, 신비로운 울음소리의 주인공 모습을 보기 위해 한철을 야간 투시경을 이용 관찰하였으나 볼 수 없었다. 그의 이름도 모른다. 그림자 같은 여름철새는 궁금증만 가득한 신비한 새이다. 이름을 모르기에 그녀의 모습에 호기심만 더해갔다. 그 모습 보는 것을 일찍 단념했다. 그저 울음소리 연주곡만 듣기로 했다. 봄 여름밤에만 영혼의 소리를 들려주기에 나만의 이름을 붙여 불러주기로 했다. 심금을 울리는 비련의 고독한 밤의 요정새-야명혼조夜鳴魂鳥, 영혼새 '야명조'라 이름 붙여주었다.

터 자리가 쓸 만해 그런지 이웃이 늘어난다. 몇 해 전부터 주변에 집터를 부탁하며 몇몇이 들락거렸다. 대학교수, 공무원, 회사원, 사업가, 귀향인 등 다양한 사람들이 이웃이 되었다. 산 높고 골 깊은 이 숲속, 대덕산 산록을 찾은 이유 중 하나가 댐 수몰지에 고향을 수장시킨 죄인이기 때문이었다. 작년에 세 가족이 주변에 집을 지었다. 일 년 내내 건설장비 기계음이 산골짝을 울렸다. 올해도 세 채의 전원주택이 생겨났다. 나무를 자르는 기계톱의 성난 탁성, 산언덕 숲을 헤벼 파는 중장비의 소음, 바위를 깨부수는 파열음, 철재를 자르는 절단기의 날카로운 쇳소리, 과수원의 확성기에선 유해조수를 쫓기 위한 호랑이 곰 늑대 등 맹수들의 포효, 귀신들의 울음소리와 별의별 굉음이 밤낮 시도 때도 없이 마을과 주변에 가득 찼다. 제일 높은 꼭대기집인 내 산막은 유달리 소란스러웠다. 궂은날이나 한밤중이면 괴성에 지쳐 짜증이 쌓여갔다. 음악을 들으며 마음을 삭여 보지만 별반 도움이 안 되었다. 조용히 살고 싶어 찾은 심산유곡, 바깥으로 나돌며 속을 삭였다.

온갖 텃새와 산짐승도 눈에 띄게 수가 줄었다. 집지킴이 멍멍이는 스트레스를 받는지 늑대 울음소리로 울고 야위어갔다. 오밤중 사랑의 세레나데를 부르는 고라니의 노래도 뜸하다. 산꿩과 산비둘기 때까치, 굶주린 너구리 멧돼지 가족도 방문이

드문드문 뜸하다. 주변 숲이 제법 사라졌다. 아직 짓지 않은 세 채 집을 지면 꽤나 넓은 숲이 사라질 것이다. 산새와 산짐승들의 안식처가 제법 많이 사라질 것이다. 계절마다 꽃 피어 기쁨을 주는 들꽃들의 화원도 자취를 감출 것이다.

며칠간 울어주던 영혼새, 야명조가 숲을 떠났는지 울음소리를 멈췄다. 처음 있는 일이다. 청명 무렵, 홀딱벗고새가 숲을 찾을 때가지 독주獨奏를 했었다. 봄여름 두 철, 낮과 밤을 장식하던 신의 소리는 사라지고 뻐꾸기와 검은등뻐꾸기 울음소리만 공허한 산골짝에 울려 퍼진다. 꾀꼬리가 올 때가 되었는데 아직 모습을 안 보여준다. 종달새는 찾아오려나. 조금 있으면 소쩍새와 부엉이가 찾아와 깊은 여름밤에 내 가슴을 후벼 파 짓뭉갤 것이다. 홀로 적막과 고요를 즐긴 스무 해 남짓, 적막이 사라진 숲을 이제 떠날 때가 되었나 보다. 더 깊은 심산유곡으로……. 자연은 나 혼자만의 것이 아니고 만인의 것임을 왜 모르는가.

# 진달래 꽃 향기 속으로

그분을 찾아가는 마지막 길은 멀고 멀었다. 봄 꽃, 개나리 진달래 향에 취하여 황홀한 꿈을 꾸는 벌 나비들의 화려한 유혹에도 흔들릴 수 없었다. 바람에 흩날리는 벚꽃 잎의 윤무도 마냥 시들했다. 고원高原마을 산막 대일원에서 서쪽 바닷가 군산까지 삼백 리 길은 몇 천 리나 되는 양 아득했다. 육신은 도살장으로 끌려가는 황소처럼 넋 빠진 허깨비였다.

사람은 살면서 만나지 말아야 하는 사람을 만나 괴로워하고 고통을 받기도 한다. 필연 아닌 우연의 악연인 것이다. 때로는 만나도 그저 그만, 아니 만나도 그저 그런 사람들과 부딪치며 살아간다. 어쩌면 스쳐가는 내 삶의 엑스트라 같은 사람일

지도 모른다. 망각 속에 존재하는 사람, 인생길에 소품 같은 사람, 그림자 같은 사람, 그러나 그들이 없었다면 인생은 삭막하고 무미건조했을 것이다. 그런 만남은 필연과 우연의 인연인지 모르겠다.

우리는 누구든지 내게 꼭 필요한 사람, 도움이 되는 유익한 사람들을 몇몇 가슴에 고이 간직하고 살아가고 있다. 대다수 가족과 부모 형제, 절친한 친구, 존경하는 선배나 은사, 사랑하고 아끼는 후배, 지향하는 이상향이 같은 동인 동료 등을 멘토로 삼으며 살아간다. 그런 사람들이 많을수록 삶이 윤택하고 행복할 것이다. 그러나 그게 그리 만만치만은 않은 일이다. 많으면 많은 대로 반대급부가 있는 법, 적어도 진짜 알토란같은 인연으로 맺힌 그런 사람이 있어야 진정 행복한 삶인 것이다.

내가 그분을 알게 된 것은 지극히 우연에 기인한다. 10대부터 잡문을 쓰고 발표하며 반세기 가까이 살아왔었다. 퇴직 후 글 쓰는 일을 하자니 문단에는 등단이나 공모전 당선이라는 통과의례가 절대 필요충분조건이었다. 불쾌하고 불편했었다. 그러나 어찌하랴, 그게 관례인 것을……. 그동안 그런 절차를 진즉부터 무시하고 글을 써온 내 허물을 자책했었다. 이순을 앞

두고 한국문단에서 인정받고 향토에 연고지를 둔 월간 《수필과 비평》지를 선택, 등단의 절차를 거쳤다. 신인상 수상식장 전주 관광호텔 무궁화 홀. 반년간 신인으로 등단한 18명의 시상식이 있었다. 남녀의 성비性比는 1:17, 해외 이민여성 당선자 한 분께서 불참하여 1:16, 17명이었다. 청일점이란 영광보다 두려움이 앞섰다. 산전수전 공중전까지 대충 겪은 나이지만 긴장의 끈을 늦출 수 없었다. 문단 원로 대선배분들이 시상을 하였다. 나에겐 특별히 주관사의 발행인 겸 회장이셨던 '신곡 라대곤님'께서 격려와 당선패를 주셨다. 그분의 명성과 인품은 이미 알고 있었으나 처음 뵙는 순간이었다. "누구는 꽃 속이라 좋겠네! 이때껏 이렇게 성비가 안 맞는 것은 처음인데?" 의아해하셨다. "살아남으려면 각고의 노력이 필요해. 장미꽃은 가시가 날카롭고 억세니 각별히 조심하시게." 초면인데도 격려의 말치고 생뚱맞고 올림말도 내림말도 아니기에 언짢았다. 신곡 선생은 오래전부터 나의 글을 자주 읽어 알고 있었음을 연회장에서 고백하였다. 새겨들으니 오래된 형님같이 다정다감한 진심 어린 충고의 메시지였다. '멋진 분이구나! 역시 문인은 멋있구나!' 풍문대로였다. 첫사랑의 마력처럼 첫눈에 반해버렸다. 그냥 그저 좋아져 버렸다.

그 뒤 문필 생활을 하면서 공사석公私席에서 가끔 신곡 선생을 뵐 수 있었다. 특히 진안문인협회 회장과 전북수필과작가회의 회장 직무를 맡아 볼 때 자주 뵐 수 있었다. 호방한 기질과 씀씀이가 크며 두주불사 애주가이시고, 선후배들이 잘 따르는 리더십이 출중한 분이셨다. 그 뒤 왕성한 사회활동과 과음으로 인해 병을 얻어 금주를 하고 계셨다. 수필계나 전북문단에 기여한 지대한 공로는 문인이 아닌 일반 사회인들에게도 널리 알려진 일이다.

대수술을 두 번이나 하고도 병실에서 마지막 투혼을 불사르며 출간한 소설 《퍼즐》과 동화 《깜비는 내 친구》가 유고 작품집이 되었습니다. 저는 당신의 수필집 《취해서 오십년》을 무척 좋아합니다. 진솔한 서민, 민초들의 소박한 삶이 무르녹아 독자들에게 삶의 소소한 기쁨과 행복을 주니 말입니다.

마지막 보내는 장례식장엔 조기와 조화 만장이 꼬리를 물고 있습니다. 임을 보내는 경향 각지의 문인들과 지인들의 눈시울이 붉고 촉촉합니다. 흐느낌이 장례식장 마루바닥을 가라 앉힙니다. 가슴이 멥니다. 당신의 작품을 낭송하고 고별사가 이어집니다. 만수향 자욱하게 퍼져 오릅니다. 장례식을 집전하는 스님의 목탁 소리 아득합니다. 이 좋은 계절에 천수를 누리지 못하시고 뭐가 그리 급하시기에 홀연히 진달래 꽃 향기 속으로 가셨습니까? 그동안 쾌유를 빌면서 자칭 애주가인 저는 누추한 산막 대일원垈一苑으로 초대, 호주가豪酒家이신 선생님과 뻐꾸기 벗 삼아 밤새 두견주 마시며 이런저런 이야기 나누고 싶었습니다. 가르침을 받고 싶었습니다. 이제 이승에선 이룰 수 없는 한낱 부질없는 꿈이 되었습니다 그려.

"生也一片浮雲起 死也一片 浮雲滅, 삶은 한 조각 구름이 일어남과 같고, 죽음은 한 조각 구름이 흩어짐과 같다." 라 했지 않습니까.

진달래 향 맡으며 나비처럼 훨훨 날아 평안히 가세요. 먼 훗날 제가 찾거든 술상 걸판지게 차려놓고 이승에서 못다푼 이야기 나누며, 병석에서 배고파 갈증나던 술, 부어라 마셔라 밤새워 즐겨 보자구요.

* 신곡 라대곤 작가는 1940년 전북 군산시에서 태어나 김제시에서 청소년시절을 보내고 2013년 4월 15일 군산에서 영면하셨습니다.

# 천반산 엘레지

어제 내린 첫서리에 나뭇잎들이 오들오들 떨고 있습니다. 무서리라 그런가 봅니다. 팔 뻗으면 천반산과 부귀산이 잡힐 것 같이 가까이 다가와 있습니다. 긴 가뭄 끝에 온 가을, 시월의 문지방을 넘자 널뛰는 일교차 탓인지 단풍이 곱다 못해 눈부시도록 너무나 선연합니다. 핏빛 단풍잎은 소름끼치도록 붉습니다. 차라리 뜨락 모퉁이 샛노란 은행잎에 따뜻한 정이 쏠립니다. 그 여느 해보다 유난히 길었던 여름날의 무더위, 싱그러운 초록으로 빛나던 산 색이 KTX처럼 빠르게 세월 속으로 빨려들어가고 있습니다. 벌써 지나친 유년의 연둣빛과 청년시절 갈맷빛을 그리워하는 것 같습니다.

뜨락에 나가 새벽하늘을 봅니다. 뭇별이 초롱초롱 유난히 반짝입니다. 시월 초닷새 초승달이 다가오는 여명에 밀려 서편으로 기웁니다. 잠들어 꿈꾸는 용담호龍潭湖 수면에 초승달이 청승스럽게 반영됩니다. 비단강錦江 상류 내륙 안의 섬 죽도 주변과 계곡은 안개성입니다. 강물은 별빛과 달빛에 물들고 젖으면서 안개와 구름을 만드나 봅니다. 여러 필 뽀얀 비단을 늘여 깔아놓은 듯합니다. 산봉우리 아래 강줄기 따라 골짝 골짜기마다 포대기에 싸인 아기가 되어 포근히 잠들어 있습니다.

안개성에 숨겨있는 아랫마을에서 수탉이 우렁찬 목소리로 아침을 엽니다. 홰치는 몸짓은 바람을 일으킵니다. 대덕산 능선 위로 동이 터 옵니다. 발아래 뭇 계곡에서 잠자던 아기들이 꿈틀거리며 잠에서 깨어나고 있습니다. 햇살이 비칩니다. 박명이 사라집니다. 동풍이 살랑살랑 불어줍니다.

요 며칠간 천반산과 부귀산은 몸통을 보여주지 않았습니다. 그저 맨 얼굴로 눈 맞춤으로 아침인사를 대신했었습니다. 가슴팍 아래 무슨 몹쓸 생채기라도 났는지 온몸을 우윳빛 비단옷으로 휘감고, 한류가 대세라 그런지 한복 패션쇼를 하는 것 같았습니다. 내년에 유행될 새 옷을 선뵈는 것 같았습니다.

강줄기 따라 비단 띠는 햇빛을 좇아 시나브로 스멀스멀 서

편으로 향합니다. 천반산과 부귀산을 가르는 강물과 그 사이에 다소곳이 웅크려 숨죽이고 있는 죽도가 가엽고 안쓰럽습니다. 이맘때가 되면 자주 보고 느끼는 풍광과 정서입니다.

능선 나목 사이로 부챗살 햇빛이 쏟아집니다. 안개는 조금씩 빠르게 꿈틀댑니다. 새내기 수습 조종사인 양 수평비행 수칙을 잘 지키며 비행합니다. 강바람이 치솟습니다. 안개들의 수평비행은 자유비행으로 전환합니다. 저희끼리 헤쳐 모여를 반복합니다.

어느 무리는 느릿느릿 낮게 강줄기를 따라 흐릅니다. 늘 낮은 자세로 남을 배려하는 겸손한 마음의 따뜻한 사람일 것입니다.

또 어떤 놈들은 바람에 순응하며 부귀산 운해령을 넘어 경사면을 따라 내려갑니다. 자연에 순응하며 세상을 순리대로 살아가는 정직하고 착한 영혼의 소유자일 것입니다. 온갖 고난과 역경을 이긴 애국시민입니다. 이 나라 대부분의 백성, 선량한 민초들일 것입니다.

뿔 부러진 성난 황소같이 성질 급한 놈은 무리를 이탈하여 수직에 가까운 부귀산 절벽에 부딪쳐 제 몸 망가지면서 하늘로 솟아올라 구름으로 산화됩니다. 자신의 신분상승을 목표로 '짧고 굵게 살자.'라는 좌우명을 핑계로 신의와 약속을 언제 했냐는 듯, 세상을 뒤바꿔 변화시키겠다며 앞장서 설쳐대는 철면피, 오늘날 이 나라 정치하는 사람들의 참 모습이려니 싶습니다.

골짜기 여기저기에는 연약한 조그만 무리들은 미동도 않고 숨어 있습니다. 이 녀석들은 절호의 기회를 엿보다 세력가에게 묻혀 가려는 거지 근성의 진딧물 같은 존재들입니다. 제 주관이나 양심을 멀리 귀양 보내고 벼락출세를 꿈꾸거나 일확천금을 노리는 현대판 졸부들일 것입니다.

문실문실 크는 유월 논바닥 벼 포기마냥 피어오르는 호수의 물안개, 이따금 전봇대같이 늘씬한 녀석들, 마천루처럼 우람한 놈, 햇볕으로 제 몸이 달구어지기를 기다립니다. 물기둥을 만들어 흐르는 안개를 싸잡고 휘감아 힘차게 솟구쳐 오릅니다. 분명 이들은 풍운아이거나 혁명가 일 것입니다. 정의의 사도일 것입니다.

안개와 구름 사이에서 그들이 연출하는 기상의 오묘한 신비를 보고 있습니다. 시간이 흐를수록 구름은 모였다 흩어지면서 여러 모양새를 연출합니다. 자연의 신비는 무궁무진 오묘하고 심오하며 화려합니다. 이따금 신선이 된 착각에 빠지는 호사와

교만을 누려봅니다.

가끔 소나기 한 줄기 지나간 뒤 풍경은 더 많은 것을 깨우쳐 줍니다. 안개구름은 서서히 때로는 빠르게 생성과 소멸의 반복을 보여줍니다. 안개와 구름은 바람과 주변 환경에 의해 운명이 결정됨을 인식합니다. '生也一片 浮雲起 死也一片 浮雲滅' 시구 한 구절이 비수가 되어 가슴에 꽂힙니다.

4세기 전 죽도 선생 〈인백 정여립〉은 은거지 천반산에서, 눈앞 부귀산과 비단강 죽도를 바라보면서 무슨 생각에 골몰하며 어떤 세상을 꿈꾸었을까를 상상합니다. 대동사상을 펼쳐 이상향을 꿈꾸던 정여립은 진정한 휴머니스트 였을 것입니다. 그는 천혜의 오지 이곳에서 현실과 이상의 부조리 속에서 절망과 좌절에 몸부림쳤음을 미루어 짐작합니다. 그는 벼랑에 부딪쳐 산화한, 천수를 다하지 못한 비운의 큰 안개였지 않나 생각합니다. 선조와 송강 정철을 만나지 않고 시공을 뛰어넘어 세종대왕이나 정조대왕을 만났었다면, 그 생애와 동시대를 살아간 민초들에겐 저녁놀에 불타는 황홀한 노을이었지 않나 상상합니다.

정여립은 천반산에서 마이산에 걸린 낙조를 바라보며 이룰 수 없는 꿈 앞에 얼마나 큰 덩이피를 토했을까요. 낙조는 기축

옥사의 처연한 아픈 역사입니다. 용담호 수면 위로 물안개 피어오릅니다. 물보라가 일어납니다. 용틀임하며 하늘로 치솟아 구름이 되는 안개는 승천입니다. 정여립의 원혼은 이무기가 되어 4백 년을 구천을 맴돌고 있습니다. 용이 되어 승천합니다. 바람은 세파이고 구름은 인생입니다. 천반산에 얽힌 정여립과 대동사상의 역사는 전설이 되었고 전설은 이제 신화가 되었습니다.

# 찌그락짜그락

이를 닦기 위해 치약을 찾는다. 치약 튜브 한가운데가 쿡 눌러져 찌그러져 있다. 끝 부분부터 잘 접어 가지런히 눌러 정돈을 한 뒤 칫솔에 반쯤 짠다. 세면함에 가지런히 넣는다. 기분이 몹시 언짢다. 이른 아침부터 기분 상하지 않으려고 튀어나오는 분기를 억누른다. 저녁식사 뒤 이 닦으러 세면장에 간다. 치약은 또 패잔병처럼 중간이 삐틀빼틀 꾹 쭈그러지고 틀려져 아무렇게나 나뒹굴고 있다. 화가 머리카락을 곧추세운다. 또 참는다. 가지런히 정리 정돈하여 제자리 찾아 놓는다. 다음날 아침, 또 마찬가지다. 반복되는 치약 때문에 울화통이 터진다. 흥분되고 혈압이 오른다. 이것뿐만 아니다.

사용한 물건은 제자리에 가지런히 놓아 달라고 수없이 여러 번 부탁했었다. 소용이 없었다. 젊었을 때는 다그치면 며칠은 잘 지켜졌었다. 환갑을 넘기더니 점잖은 부탁도 충고도 경고도 엄포도 다 마이동풍이다. 전혀 먹혀들지 않는다. 양말이나 옷가지 모자 신발 등 모든 게 다 마찬가지였다. '나이 먹으면 아내한테 져 줘야 한다.'는 말이 정말 실감나게 다가왔다. 부단히 노력 중이나 수양이 덜 된 탓인지 심사의 파고를 다잡을 수 없다.

나는 정리정돈에 숙련된 사람이다. 성격 탓도 있겠지만 정리 정돈이 철두철미한 군기 센 군대생활부터 훈련되었고, 30년 넘는 깔끔한 직장 금융인으로 다져진 직업 탓일 게다. 책상, 서재, 서실, 옷장, 내가 사용하고 생활하는 모든 공간은 청결과 깔끔한 상태로 가지런히 정리 정돈이 되어 있어야 한다. 모든 물건은 있어야 할 자리에 있어야 한다. 그렇지 않으면 정서적으로 불안하여 안절부절 못하고 견디기 힘들다. 그렇다고 결벽증 환자는 아니다. 모든 사물은 제자리에 있을 때 정결하고 우아하며 아름답고 멋진 법이다.

제 아비를 닮지 않아 그런지 늘 어질러 놓기만 하고 정리 정돈이 영 젬병인 딸아이가 있다. 타이르고 나무라도 헛일이다.

태생이 그런가 보아 포기한 지 오래되었다. 그래 그런지 딸아이의 집에 가는 일이 있어도 방에는 들어가지 않는다.

대한민국이 인정하는 법정노인이 되었다. 아내도 일 년 뒤엔 경로우대 자격증을 자동적으로 갖게 된다. 아내의 말대로 "피곤하게 이것저것 따져가며 살지 말고 대충대충 편하게 살며 늙어가자."고 한다. 내 지적을 달갑지 않게 귀찮아하며 짜증스러워한다.

그럭저럭 대충대충 구렁이 담 넘어가듯 사는 것이 정말 옳은 걸까? 자문자답하나 슬기롭고 현명한 답은 아닌 것 같다. 절친한 동무는 "황혼이혼 당하지 않으려면 눈감고 모른 척하란다." 우스개 아닌 심각한 표정을 지으며 충고를 한다.

"이런들 어떠하리 저런들 어떠하리~" 이방원의 〈하여가何如歌〉에 "이 몸이 죽고 죽어 일백 번 고쳐 죽어~" 〈단심가丹心歌〉로 대꾸한 포은 정몽주, 누가 과연 옳은지 모를 일이다. 우중충한 잿빛 하늘에 눈보라 흩날린다. 오늘도 우리 부부는 산새도 숨죽인 적막한 산막에서 찌그락짜그락대며 한겨울, 설한풍의 세월을 엮는다.

가정의 화목과 부부간의 평화를 위해 심각하게 고민하며 화려한 변절을 꿈꾼다.

# 지하철 풍경

오랜만에 서울 나들이다. 나이 쉰을 넘기며 오래 정붙여 살던 지방 문화도시 전주시를 떠났다. 청소년시절 부터 살아온 곳이지만 활기 넘치지 않아 생명력이 숨죽은 도시에 매력과 흥미를 잃었다는 이유도 한몫하였다. 호수가 내려다보이고 풍운아 인백 정여립의 숨결을 느낄 수 있는 비단강 상류, 죽도와 천반산과 동무하는 대덕산 속 산막으로 거처를 옮긴 지 10여 년이 흘렀다.

아이들 셋이 관악산 밑에서 학구열에 불타던 몇 년간은 뒷바라지를 위해 제법 자주 들락거렸었다. 이것저것 음식물과 가재도구 살림살이를 가져다 주기 위한 자가용 나들이였다.

아이들이 학업을 마치고 하나 둘 셋, 세 곳으로 흩어지자 서울 나들이가 뜸해졌다.

목동으로 이사 온 한국문인협회에 가는 길이다. 고속버스를 이용 상경한 나는 그곳을 가기 위해선 지하철을 이용했다. 7호선을 탄다. 열차 안은 숨죽은 듯 고요와 적막뿐이다. 이따금 안내방송과 스마트 폰 조작거리는 소리뿐……. 그리고 한둘 지그시 눈감고 이어폰을 꽂고 음악에 심취한 젊은이들. 무슨 보석을 캐는지 승객 8~9할은 온통 스마트 폰에 푹 빠져 있다. 이어 2호선으로 갈아 탔다. 똑같은 풍경이다. 5호선으로 갈아타도 같은 풍경이다. 1년여 사이에 확 달라진 지하철 풍경이 낯설고 경악스럽다.

언제부턴가 지하철에 오르면 신문과 책을 읽는 승객들이 점차 줄어들기 시작했다. 지금은 아예 없다는 게 솔직한 표현이다. 몇 년 전만 하여도 승객 중 열에 한둘은 책도 읽고 신문을 뒤적거렸었다. 오늘은 한 시간 가까이 지하철 열차를 세 번을 갈아타도 눈에 띄지 않는다. 폰의 기능이 무한대에 오르자 디지털세대 젊은이들의 문화의 대이동이 시작되었다. 아날로그세대 중년과 노년들도 살아남기 위해 더듬거리며 문명과 문화의 이동에 동참한다.

남녀노소 스마트 폰에 푹 빠져 대화와 소통이 단절된 지 오래다. 고요와 적막만이 감돈다. 약간 짜증스럽던 차 안의 시끌벅적 소란스럽던 때가 그리워지는 야릇한 심사는 무얼까?

몇 해 전 핸드폰의 전성기일 때, 열차 안에서 주위의 시선엔 아랑곳없이 시공간도 무시하고 시시콜콜 떠들어 대는 몰상식한 젊은이들이 많아 언짢던 때가 많이 있었다.

이상한 것은 나무라는 사람이 없다는 것이었다. 나무라면 봉변당하니 무관심한다는 것에 슬퍼지기도 했다. 무관심과 모른 체하는 것이 미덕인 서울을 싫어한 이유의 하나이기도 하였다.

한국전쟁이 끝난 뒤 다 어려웠던 시절, 먹는 것 입는 것 읽을 것 다 목마른 때였다. 그중 읽을거리 책이 귀한 것은 가장 큰 슬픔이었다. 악서 양서 가릴 것 없이 마구잡이 손에 잡히는 대로 읽었다. 서점에서 쫓겨날 때까지 닥치는 대로 읽은 덕분에 잡학 박사 소리를 들으며 살아왔다. 절친한 친구 동생한테 "형님은 왜 쓸데없는 돈 안 되는 것들만 너무도 많이 알고 있냐?"며 칭찬 아닌 핀잔을 자주 들었다. 비아냥거림을 모르는바 아니다. 현실적이지 못한 인생행로를 걷기 때문이다.

옛날부터 책 읽는 소리가 듣기 좋고 창문에 비치는 책 읽는 모습이 아름답다 했었다. 지금은 독서실이나 고시학원에서 눈에 불을 켜고 '너를 이겨야 내가 산다.'는 식의 살벌한 독서풍경에 소름이 돋는다. 상생은 실종되어 찾을 길 없고 이 세상에 살아남고 출세하려면 남을, 동지를 짓뭉개고 그 위에 군림 하여야만 하는 살벌한 생존경쟁이 두렵다. 애정과 따뜻한 존경이 배인 선의의 경쟁은 최고선의 결과물을 얻을 수 있는데. 대화와 소통이 철저히 단절된 현대사회. 이런 사회구조를 누가 만들었을까. 나 또한 나쁜 이 사회 이 나라를 만드는데, 나도 모르는 사이 일조하지 않았을까 지나온 삶의 궤적을 겸허히 되돌아본다.

돌아오는 길, 지하철 객실 안에는 변함없이 화려한 스마트폰 페스티벌 열기로 후끈거린다.

| 작품해설 및 작품평 |

김재환 〈그곳엔 물레방아집은 없었네〉

# 문학의 근원으로서 그리움

## – 사라짐의 허무와 그 언어적 부활 –

박양근(문학평론가)

문학은 근본적으로 그리움을 이야기하는 언어망이다. 지나버린 계절, 떠나온 고향, 사라진 사랑에 대한 아픔을 언어로 소생시킨다. 인간의 시간은 흘러가지만 문학 속의 시간은 흘러간 상념을 되살려준다. 죽은 것을 부활시킬 수 있는 능력은 오직 조물주만이 지니고 있다. 인간은 신처럼 전지전능하지는 않지만 언어로써 부활을 이루는 방식을 찾아내었다. 동서양의 시인묵객들이 문학에 종사하는 이유 중의 하나도 대상을 부활시켜 불멸이라는 가치를 음미하기 위해서다. 중세의 음유시인부터 현대의 낭송시인에 이르기까지 면면이 계승된 언어의 힘이 이것을 알려준다.

수필은 체험과 상상의 접점에 자리한다. 체험을 떠나서 수필 쓰기를 할 수 없고 상상을 도외시하면 체험을 제대로 소생시킬 수 없다. 사라진 것에 대한 그리움이란 초시간적인 문학에서만 가능하므로 작가는 경험을 상상으로 승화시켜야 한다.

그리움이란 단순히 과거로 회귀하는 것이 아니다. 그리움은 그때, 그곳, 그것, 그 사람의 존재에 대한 순수한 고백이므로 그것을 되찾으려는 노력은 순정을 바탕으로 한다. 과거를 현실화하는 문학적 부활은 가장 아름답고 품격 있는 행위에 속한다. 그리움을 심층심리학으로 설명하면 이드가 지닌 욕망에서 초자아가 지닌 이상의 세계로 상승하려는 운동이다. 프로이드는 초기 임상 환자의 대부분이 성적 경험과 관련한 억압 경험이 있음을 발견했다. 그리움이란 억압되어 의식적으로 알 수 없도록 바닥에 깔린 성적 회상임을 부인할 수 없다. 긴장과 불안이 고조되면 심리적인 방어기제를 통해 그리움은 여러 가지 형태로 억압된다. 사회의 가치 기준과 도덕관을 내재한 초자아는 조정자 역할을 담당하여 정서의 균형을 꺠려 한다. 그 심미적 해결이 그리움이라고 말할 수 있다.

지난 1월호에는 사라진 사랑에 대한 그리움을 담아낸 글이 많았다. 신년에 대한 각오를 펼쳐낸 작품이 없지 않았지만 다수의 작품들이 한 해를 마감하는 12월에 완성되었다는 점을 고려하면 그리움의 모티프가 다양한 것이 오히려 자연스럽다. 그 중에서 김재환의 〈그곳엔 물레방아집은 없었네〉가 특출했고 뛰어났다. 물레방아집에 얽힌 서정적 회고와 대상에 대한 애틋한 그리움과 작가의 쓸쓸함을 담아낸 내용과 형식으로 주목을 끌었다.

**김재환의 〈그곳엔 물레방아집은 없었네〉**

김재환 작가는 구산리 물레방아집 그녀를 찾아간다. 우포늪에 에워싸인 구산리는 낙동강 하류변의 조그만 마을이다. 8월 끝자락이지만 구산리로 가는 길에는 안개가 자욱하다. 반세기 세월 동안 적어도 수없이 그곳을 찾아가고 싶었지만 그 충동을 억제하였다. 그런데 문학행사에 참가한 김재환은 분위기에 흔들려 구산리로 찾아든다. 길 풍경은 "신비롭고 몽환적"이다. 꿈 같은 풍경은 작가의 심경을 간접적으로 드러낸다. 사업차 가는 발걸음이 아니므로 환상 속에서 생각한 구산리는 풍경하고 과연 동일한지 확인하고픈 것이다.

그에게 그리움의 대상은 누구이며 왜 그리워하는가. 대상은 비슷한 또래의 문학소녀였다. 그녀는 오래전에 세상을 떠났지만 추억거리는 어디엔가 남아있을 거라는 기대가 적어도 한 번은 찾아가야 한다는 의무감 같은 당위성을 만들었다. 그리움이란 마음속에서 자라나는 나무이다. 이 나무는 비가 내리지 않더라도 결코 죽지 않는다. 아무리 태풍이 닥쳐와도 쓰러지지 않는다. 그 나무는 비바람과 태풍을 맞이할수록 더욱 잘 자란다. 작가는 그 모순 같은 그리움을 만나고 싶어 한다. 그것이 현실에서든 문학적 상상의 세계에서든.

> 그와의 첫 만남이자 마지막 만남은 십대 끝자락이었으니 반세기가 다 되어간다. 꽤 긴 세월이 우리를 가르고 강물처럼 흘러갔다. 이 세상 고뇌를 짊어지고 끙끙대며 살아가던 열여덟 살 만추였다.

그녀와 처음 만난 계절은 빨간 능금이 무르익는 만추였다. 그들의 나이는 성하의 청년기였다. 청춘의 문턱에 막 들어선 문학청년들은 필연인 듯 우연인 듯 백일장 대회에서 입상자로서 만났다. 문학이 서로에게 호감을 품도록 매체 역할을 한 것이다.

그들 사이에 있는 악조건조차 가까워질 수밖에 없는 호조건으로 바뀐다. 소백산맥을 사이에 둔 전주와 대구간의 먼 거리가 문학이라는 끈에 의하여 감미로운 장애물이 되어 버린다. 수년간 편지가 빈번해지면서 감정은 농익어간다. 빨간 사과가 무르익는 만추조차 그들에게는 어떤 기대감의 예언으로 작용한다. 열여덟 청춘의 나이는 호감과 열정을 혼돈하기에 충분하다. 그들의 감정이 평생에 겪는 단 한 번의 사랑인지 아닌지는 중요하지 않다. 다만 "지금도 잊지 못한다."고 작가가 회고할 만큼 그 무렵의 감정은 절실하였다.

김재환이 지닌 그녀에 대한 기억은 현실적이면서 신비적이다. 그녀는 "대구 K여고에 다니는 L" 그리고 "Y대학 재학생"이다. 시상식 후 첫눈이 왔을 무렵 받은 첫 편지의 발신 주소는 "경상남도 창녕군 부곡면 구산리 물레방아집"이다. 물레방아집은 그녀의 신분을 신비적으로 만든다. '초겨울 파르스름한 연기, 가냘프고 새하얀 코스모스, 날렵한 청자와 백자, 가볍지 않은 아픔과 슬픔'은 회상적인 실루엣을 만들어 내기에 충분하다. 문학청년들이 나누는 편지 속에 적힌 철학, 문학, 신화 이야기는 서로를 우상화한다. 연서는 누구나 겪는 청춘의 신열이므로 자기과시의 편지로 간주되지 않는다.

그리움의 실체는 사실상 현실에서는 좀처럼 찾기 어렵다. 인간은 그 그리움을 좇는 사냥꾼이라기보다는 그리움을 만드는 건축가이다. 우물을 파서 물을 가두듯이 그리움을 마음속에 간직한다. 그 추상의 세계가 고갈되면 인간은 하염없이 우물 속을 들여다본다. 내면의 의식을 반추하는 것이다.

그녀에 대한 김재환의 생각도 마찬가지다. 작가는 그녀가 죽은 후 반세기 동안 구산리와 가까운 주남저수지, 화왕산, 진해의 안민고개를 찾아왔지만 물레방아집을 "강 건너 등불"처럼 쳐다보기만 했다. 그녀와의 만남을 추억의 페이지에 온존하게 남겨두고 싶었던 것이다. 추억만으로도 가슴이 쾅쾅거리는데 구산리로 찾아 가는 길은 어떠할까. 감정적으로 감당하기가 무척 어려웠을 것이다.

만남이 있었던 수년 후 동생으로부터 받았던 편지에는 L이 이 세상을 떠났다는 소식이 담겨있다.

> L의 여동생이라고 자기소개를 한 뒤, 편지가 끊긴 사연과 언니는 오랫동안 앓아온 몹쓸 병을 끝내 이기지 못하고 샛노란 은행잎 따라 만추 속으로 스무 살 안타까운 삶을 마감하였으며, 나를 단 한 번만이라도 보고 싶어 했으나 뜻을 이루지 못하고 홀연히 떠나 버렸다는 내용의 행간을 읽으며 그 위에 눈물이 떨어졌다.

그렇다면 구산리에는 무엇이 있는가. 무엇이 변하지 않아야 하는가. 구산리 마을에 가까워질수록 김재환은 더욱 초조해진다. 사랑의 현장을 찾아가는 주변 풍경이 몽환적일수록 독자의 마음도 덩달아 동요한다. 그녀가 세상에 없다 할지라도 독자들은 구산리 물레방아집이 남아 있기를 기대한다. 김재환이 찾아간 구산리에는 아무것도 없다. 작가는 제목에서 "물레방아집은 없었네."라고 말한다. "물레방아집이 없었네."가 아니라 "물레방아집은 없었네."이다. 전자가 원래부터 없는 절대적 부재를 의미한다면 후자는 예전에는 분명히 있었다는 것을 암시한다. 마을회관을 찾아 수소문한 결과, 그때 그곳에는 물레방아집이 없었지만 큰 정미소가 있었다는 사실을 전해 듣는다.

여기서 강조되는 것은 언어가 지닌 심미적 효과이다. L양은 집 주소를 "정미소집"이 아니라 "물레방아집"으로 적었다. 물레방앗간은 소설 속의 장면처럼 로맨틱하면서 시적인 사랑의 이미지를 떠올려 준다. 순진무구한 사랑에 대한 공감대도 문학청년들에게 확산된다. 그들은 수년간 연서를 주고받는 동안 각자의 마음속에 '물레방앗간다운 순애보'를 키웠다. 단 한 번만이라도 만나 서로에게 사랑의 순수성을 이해시키려 했다. 그러나 꿈은 영화나 소설에서와 달리 현실에서는 쉽게 이루어지지 않는다.

작가의 물레방아집이 정미소였다는 실망감을 해소해야 한다. 그리움의 근원이 물레방앗간이라는 공간이었음을 교정해야 한다. 그 방식은 지금까지의 "애틋한 그리움"을 지금 성년이 된 시점에서 '진정한 그리움'으로 재해석하는 것이다. 전자를 버리고 후자를 찾은 길이 "구산리 가는 길"이었음을 자신에게도 납득시켜야 한다. 과거의 감정을 재해석한 그는 "그것은 사랑도 연민도 아니라 동질성을 가진 우정"이었다고 생각한다. "정한의 끈을 풀어버리자"는 다짐이기도 하다.

스무 살 청년의 그리움을 스스로 허문 원인은 좌절감에 있다. 그가 받은 편지 중에서 "아침에 눈 뜨면 죽지 않은 자신을 증오한다."는 구절을 읽었을 때 불치의 질병을 이미 예감하였다. 그때 아무런 도움을 줄 수 없었다. 그것이 당시의 현실이고 반세기 동안 잊지 못하는 죄의식의 원인이기도 하다. 사람마다 나타나는 그리움의 현상은 다르다. 그러나 근원은 동일하다. 그리움을 정리하기 위하서든 되찾기 위해서든 "추억하러 가는 길" 자체가 그리움이다.

# 02

# 대통령의 가죽피리

불기 2557년 석가탄신일이 얼마 남지 않은 오월 끝자락 별밤이었다. 부처님은 천상에서 인간이 사는 아름다운 지구별을 둘러보고 있었다. 천상의 석가모니 부처님께서 인간세상, 화려한 불빛의 미국과 네온 빛이 아름다운 유럽을 거쳐 어둡고 음침한 러시아와 중국을 지나, 지구 동북부 조그만 한반도를 내려다보고 있었다. 남북으로 분단된 조그만 땅, 특히 남쪽 전국 방방곡곡 산속 산사에도, 도심 사찰에도 셀 수 없이 수많은 연등을 불 밝혀 자신의 탄생을 찬미하고 있었다. 자신이 태어나고 평생 불법을 설파한 히말라야 산맥 아래는 어둠 컴컴하여 퍽 대조적 이었다. 2637년 전 히말라야 인근 조그만 한 카필라 왕국의 왕세자로 태어났으나, 나라와 처자식을 버리고 고행의 길을 걸으며 득도한 뒤 부처가 되었다. 자신을 패륜아라 자처하며 불법 설파에 온 힘을 기울여 살아온 걸 보면 성자임이 분명하다. 성인으로 추앙 받는 것도 당연하다.

동방의 조그만 나라가 자신이 설파한 불법을 면면히 이어오며 뭇 중생들을 구제함에 흐뭇해했다. 자신의 설법을 따르는 백성들을 탄압한 대통령이 있었으나 자비심을 발휘하여 초파일 만찬 생일파티에 전, 현직 역대 대통령들을 초대하였다.

건국 이래 최초의 여성 대통령이며 임기시작한 지 얼마 되지 않은 박근혜 대통령은 해외 순방 중이라서 부득이 참석치 못함을 정중한 사과의 말과 함께 비서실장을 통해 알려 왔다.

음식과 담소를 나누며  한국정치의 뒷걸음, 어려운 경제, 민주와 인권의 퇴보, 북한과의 대립, 흐트러진 문화예술정책, 문인들에 대한 홀대, 잘나가는 한류 등, 화기애애하였으나 어둡고 무거운 분위기를 지울 수 없었다. 대통령들은 뒤가 구린지 사시나무 떨 듯 안절부절못하였다. 무거운 분위기 전환을 위하여 부처가 슬그머니 방귀를 뀌었다.

부처님은 한국 역대 대통령들께 정중히 사과를 하였다. 자리한 몇몇 전직 대통령들이 “키드득” 웃음을 참지 못했다. 부처님은 한국의 대통령들의 속내를 알고자 각자에게 방귀를 뀌는 마법을 걸었다. “나무아미타불 관세음보살!”

이승만 초대 대통령이 “피~익” 자기도 모르게 방귀를 뀌었다. 뒷좌석에 수행 배석한 이기붕 부통령이 재빨리 ‘제가 방귀를 뀌었다.’고 사죄를 하였다. 부처는 미소를 지었다.

윤보선 대통령도 생리적 현상을 참지 못하고 “부~웅” 가죽피리를 불었다. “부처님 죄송합니다.”하며 안절부절못하였다. “생리적 현상을 어찌합니까” 부처가 말하였다.

박정희 대통령이 갑자기 “뻥!” 요란스럽게 장내를 울렸다. 경호실장 차지철이 “각하! 제가 뀐 것으로 하겠습니다.”며 귓속말을 올리고 부처님께 거수경례로 대신 사죄하였다.

김대중 대통령도 판소리 계면조로 가죽피리를 불었다. 비서실 공보비서에게 “거시기 하다며 각 언론매체에 사과 담화문을 발표하라”고 지시하고 정중히 실례의 용서를 빌었다.

김영삼 대통령도 마법을 못 이기고 방귀를 뀌었다. 김덕룡 비서실장에게 “김대중이 뀌었다고 학실히 유언비어를 퍼트려 여론을 조작하라.” 지시하였다.

최규하 대통령은 “제가 방귀를 뀌었나요?”라며 두꺼비처럼 두 눈만 끔벅끔벅거리며 능청스레 얼버무렸다.

전두환 대통령은 "빠 방 빵 ~" 크고 날카롭게 기관총 소리처럼 요란스레 방귀를 뀌었다. 장세동에게 "네가 뀐 것으로 해." 명령하였다. 장세동은 제가 뀌었다고 용감하게 부처님께 신고하였다. 부처님은 아무런 말없이 미소만 지었다.

노태우 대통령은 "죄송합니다. 어제 음식을 잘 못 먹어 배탈이 났습니다." 하며 음식 탓을 하였다. 노무현 대통령은 이렇게 말하였다. "부처님 앞에서 실례를 하였으니 검찰이 기소하겠군." 하며 씁쓸해 하였다.

이명박 대통령이 막무가내 거침없이 "뻥" 방귀를 뀌었다. 수행 공보비서에 이르기를 "북한 김정일이 뀌었다고 조 · 중 · 동과 방송3사에 보도하라" 긴급 지시하였다.

부처님은 말하였다. "여러분 대통령께서 가죽피리 한 번 불었다고 뭐 그리 사연이 많습니까? 저는 조그만 일국의 왕세자로 태어나 왕위에 오르지도 아니하고, 처자식 다 버리고 고생고생하며 득도의 길을 걸은 사람입니다. 여러분은 이유야 어떻든 우수한 팔천만 대한민국 국민을 다스린 훌륭한 지도자들 아닙니까? 여러분의 가죽피리 소리 인상 깊게 들었습니다.

"많이들 드세요. 나무관세음보살!"

"따 다 다 닥! 딱! ~ 딱!~딱!~딱!" 어디선지 진한 만수향내와 목탁 소리, 염불 소리가 아스라이 들리더니 점점 크게 들려오고 있었다. 목탁 소리는 지축을 흔들며 행진하는 헌병들의 군화 소리처럼 점점 더 다가오고 있었다. 군인들은 검을 장착한 총을 겨누며 유신헌법 개헌반대를 외치며 데모하는 학생들을 진압하는, 소위 그들이 말하는 폭동진압대형을 이루며 우리 일행에게 독오른 싸움소마냥 달려들고 있었다. 자욱하고 매캐한 연막탄과 최루탄 가스에 눈물과 콧물이 뒤범벅이 되었다. 시청 앞 서울광장에는 수십만 개가 넘는 촛불이 바람에 흔들리며 네온사인처럼 반짝이고 있었다. 광화문 앞 세종로는 컨테이너 박스로 성벽을 이루고 있었고 시민들은 밤새워 양희은의 〈아침이슬〉을 부르고 있었다. 화들짝 놀랐다.

꿈이었다. 한참을 멍하니 잠자리를 박차고 앉아 기이한 꿈을 해몽하고 있었다.

심상치 않을 5월을 예감하고 있었다. 동창을 새벽이 똑! 똑! 똑! 두드리고 있었다. 불기 2557년 초파일이 밝아오고 있었다.

# 짝퉁 〉 명품 〉 진품

현대는 짝퉁이 판치는 세상이다. 보석과 의류, 여성용 손가방이 특히 심하다. 심심찮게 매스컴에 모조품 관련 뉴스가 보도된다. 손재주 많은 우리나라에서 이따금 범법행위자가 적발되기도 하지만, 모방의 명수 이웃 중국이 단연 으뜸이려니 싶다.

일요일 낮에 방영되는 KBS 교양프로그램 〈TV쇼 진품명품〉을 곧잘 시청한다. 골동품, 고미술품, 도자기, 공예품 등 장인의 혼이 서린 각종 명품들의 가치와 예술적 안목을 넓히고 높이기 위해서다. 또한 간접체험을 통하여 대리만족의 환희를 맛보며 희열에 젖는다. 대부분 세상에 빛을 못 보고 사가의 깊은 곳에 묻혀있는 귀중한 보물들을 보는 재미가 여간 쏠쏠치 않다.

젊은 시절 한때 명품에 빠져 있던 때가 있었다. 학창시절 소박한 바램, 파커 만년필과 라이카 카메라를 꼭 갖고 싶었다. 글쓰기를 좋아했기에 파커를 가지면 글이 더 잘 써질 것 같은 착각을 했었고, 역마살기가 다분해 싸돌아다녔기에 사진 찍기를 즐겼었다. 흑백필름에 투영된 화상은 황홀이었다. 부잣집 도령이 못 되었기에 파커 대신 파일럿으로, 라이카 대신 야시카로 대신하여 살아온 아린 상처가 있다.

바이올린엔 스트라디바리우스와 과달라니, 승용차엔 벤츠, 롤스로이스 캐딜락, 시계는 롤렉스, 오메가, 스포츠용품으론 아디다스, 프로스펙스, 화장품 샤넬 랑콤, 의류업계엔 크리스천 디올, 이브생로랑, 루이비통 등 수없이 많은 제조사와 브랜드가 있다.

요즘 여성들의 액세서리, 핸드백은 루이비통, 샤넬, 구찌, 프라다가 최고의 명품을 만들어 판매 1위를 차지하기 위하여 피나는 치열한 경쟁을 하고 있다.

어느 분야 어느 품목이건 짝퉁 명품 진품은 존재한다. 국가와 정부 사회에도 명품은 있으며, 사람, 예술품, 건축물, 조각품, 공예품에도 명품이 있다. 우주가 존재하고 인간이 살아 있는 한 짝퉁 명품 진품은 존재 할 것이다.

몇 년 전 파리에서 보지 않았어야 할 것을 보아 뒷맛이 개운치 않았었다. 우리 국력이 신장되다 보니 대체로 경제적 시간적 여유 있는 중년여성들의 해외 나들이가 잦은 편이다. 선후배로 보이는 여성 다섯 분이 출국심사를 하면서 곤욕을 치르고 있었다. 너무 많은 물품 – 분명히 값비싼 명품일 게다. – 때문에 관세문제로 오랜 시간 실랑이를 하고 있었다. 일부 품목을 압수당하고 울고불고 말은 안 통하지……. 돈 많은 중국인 관광객들이 떼거리로 몰려와 백화점을 싹쓸이하는 걸 두어 번 봐왔으나 가난을 갓 벗어난 같은 민족으로서 추한 꼴을 보니 곤혹스러웠다.

조선시대 왕 세종과 영 · 정조는 임금으로서 진품이며 명품 성군임에 이의가 없다. 미 대통령 링컨과 루즈벨트, 프랑스 드골 대통령, 영국의 처칠 수상, 분명 진품 명품 국가 지도자였다. 충무공 이순신, 도산 안창호, 백범 김구, 더글러스 맥아더 장군 역시 진품명품인 분들이다. 그러나 징기즈 칸, 알렉산더, 시저, 나폴레옹 등은 명품 지도자일지언정 진품 명품 반열에는 올려 부르기는 뭔가 허전하고 부족한 느낌이다. 우리나라 최근 대사엔 불행하게도 진품 명품 지도자가 없었다. 실패한 명품과 짝퉁만 있었을 뿐. 짝퉁보다 형편없는 사람을 뭐라 불러야 할까? 아돌프 히틀러, 네로, 도조 히데키 등을 인간 말자 개망나니라 불러도 무방할 것이다.

짝퉁은 짝퉁 나름대로 필요악이리라. 돈 없어 가난한 자, 허영 아닌 소박한 작은 소망, 대리만족을 통하여 희망을 갖고 즐겁고 행복하다면 짝퉁의 제 몫은 한 셈이다. 명품을 모르는 사람은 명품과 짝퉁을 분별 하지 못한다. 유사품 짝퉁을 명품으로 착각하며 살아가는 것 역시 현대를 살아가는 편안 방편이려니 싶다.

모든 문화예술 장르의 생산물은 작가의 고매한 혼과 장인정신이 깃들어져 예술성 높게 작품으로 승화될 때 진정한 진품이 될 것이다. 요즈음 우리나라 돌아가는 꼴이 영 미덥지 않다. 양심과 상식을 절해고도에 귀양 보낸 고위 공직자와 정치인 지도자들이 너무 많이 판치고 있다. 선량한 국민에게 너무 큰 상처를 주고 있다. 한줄기 희망의 빛도 보이지 않는다. 암울한 시대다. 국민이 선택했기에 국민이 감당할 몫이다. 건국 이래 최초 여성 대통령이 된 대통령께서는 여성 특유의 섬세함을 발휘,

국사를 찬찬히 꼼꼼하게 살펴 보통사람이 평안히 잘 사는 세상, 이 시대의 명품 대통령으로 남기를 기원한다.

# 찰강 메강

연일 강추위가 계속된다. 최근 2~3년간 지구 온난화 탓인지 그리 추운 줄을 모르고 살았다. 소한을 지나 대한 무렵이 되자 동장군의 기세가 만만찮다. 나이 들어도 더위엔 늘 쩔쩔맸었으나 추위 앞에선 언제나 으스댔었다. 요즘 한기를 느끼니 '나이 앞에 장사 없다.'는 말에 늦게나마 동감한다. 심산유곡 이곳 산중은 덥기로 유명한 비사벌이나 달구벌보다 일평균 3~4도 낮다. 창밖 산등성엔 쌓인 눈이 하얗고 금강 상류 죽도를 휘감아 내도는 물길은 꾸불꾸불 비단 띠를 펼쳐놓았다. 아침햇살이 빙판에 반짝여 눈부시다. 얼음판이 유혹한다.

TV에선 얼마 남지 않은 2018 평창동계올림픽으로 요란하다. 이웃 무주 덕유산 자락에서 개최키로 합의한 약속이 생생하다. 큰 약속을 저버린 강원도와 대한민국의 위대한 사기극이 허물 아닌 진실인 양 눈에 덮인 초목처럼 사라졌다. 유난히 대형화재가 자주 발생 수많은 아까운 목숨이 죽어간다. 세월호 참사가 생생한데 아직도 안전 불감증, 정신 못 차린 국민의 의식수준, 공무원과 정부는 한심하기만 하다. 더 한심한 것은 의무와 책임감보다 권력을 앞세우는 국회의원들과 고위 공직자, 전 집권당이었던 야당 지도자들이다. 그들을 무조건 지지 아부하고 맹종하는 왈패 일당들이 가소롭기 그지없다. 정의를 지켜 나라를 바로 잡아야 할 사법부의 농단은 더 가슴 아프게 한다. 뉴스를 대할 때마다 짜증을 넘어 울화통이 치민다. 눈을 감는다. 신문을 접는다. TV를 끈다.

강가로 나갔다. 갈수기라 여름내 고여 있던 물가 가장자리 강변엔 갈대가 힘겹게 강바람과 싸우며 추위를 견딘다. 흔들리는 갈대는 서걱거리고 갈대꽃은 햇빛에 탐스런 자태를 뽐낸다. 능수엔 매끈한 빙판이 빌딩의 유리벽처럼 새하얀 비단 폭이 반짝인다. 여울목엔 햇볕에 녹은 얼음조각이 흘러내린다. 매끈한 조약돌을 주워 강 얼음 위로 물수제비를 뜬다. "찌르렁" 경쾌한 소리를 내며 얼음 위를 미끄러져 강 건너 절벽에 부딪쳐 되돌아온다. 얼음 위를 걷는다. 강 얼음은 수정처럼 맑고 투명하다. 강바닥 모래와 돌과 바위가 훤히 들여다보인다. 웅크린 물고기 떼들이 추위에 떨며 떼 지어 이동을 한다. 첫 얼음이 얼거나 얼음이 녹았다 다시 얼어 크리스털처럼 맑고 투명한 얼음을 찰강이라 불렀다. 찰강은 얇으나 단단하고 매끈한 표면은 무척 미끄러워 바로 서 움직이기가 여간 쉽지 않다. 그러나 스케이트 타기는 최고였다. 반세기 훨씬 전 젊은 시절로 추억의 필름을 되돌린다.

용담댐에 수장된 옛 고향 앞 강가, 금강은 겨울이 되면 보洑 안의 강물이 꽁꽁 얼어 거대한 얼음판이 되었다. 강폭 200여 m, 길이는 500~600여m, 한 바퀴 도는데 1,500m가 되는 천연 스케이트장이 되었다. 첫 얼음이 얼면 마을에는 겨울 얼음 축제가 열렸었다. 청년들은 모여 강고기를 잡고, 아낙들은 어죽을 끓여 온 마을 사람들의 물고기 잔치가 열렸다. 마을 청년들은 메와 삼지창, 작살과 톱. 바구니를 들고 네 사람 한 조가 되어 여러 개 조로 나눠 고기 잡기 시합을 했었다. 썰매와 스케이트를 잘 타던 나는 늘 고기떼를 모는 몰이꾼이었다. 물고기가 멈추면 나무메나 쇠메로 얼음을 깨 기절시키고 톱으로 얼음을 썰어 낸 구멍에 작살이나 창으로 물고기를 찍어 냈었다. 물 밖으로 나온 물고기들은 이내 퍼덕거리다 얼어 죽었다. 강물 속 바위 돌 틈과 수초 사이에서 잉어 붕어 동자개 쏘가리 자라 뱀장어 가물치 메기 모래무지 등 큰 놈들만 잡았다. 제일 큰 고기를 잡은 조, 가장 많이 잡은 조, 귀한 물고기를 잡은 조는 상을 받기도 했다. 잡은 물고기를 큰 광주리나 가마니에 넣어 소달구지에 실어 옮겼다. 마을회관 당산나무 밑에선 가마솥을 걸고 굿판과 윷판이 벌어지고, 마시고 격려하며 서로 단결과 화목을 다지는 축제의 마당이었다.

사람들에 의해 잘리고 깨지고 구멍 나 훼손되어 상처투성이가 된 얼음판이 또 얼어붙는다. 강바닥이 잘 보이지 않는 불투명한 얼음이 언다. 이름 하여 메강이라 불렀다. 찰강과 메강, 찹쌀과 멥쌀에서 유래한 고향의 토속어이지 않나 싶다. 우리는 겨울철 한 철을 금강에서 스케이팅하며 어린 시절을 보냈다. 썰매를 만들 때 초등학교 유리창 밑쇠를 훔쳐 빼다 만들었다. 스케이트는 각목을 세모꼴로 깎아 손수 만들었고 고무줄로 묶어 스케이팅을 했었다. 남자들은 강 건너 대덕산에서 나무를 해 나뭇가리를 만들고 봄, 여름, 가을 땔감을 준비했었다. 상여도 얼음판을 건너고 GMC라 불리는 트럭도 강물 위 얼음판 위를 지나갔었다. 해빙기엔 수심이 낮은 강가 얇은 얼음판에서 썰매를 타는 스릴과 재미는 이만저만이 아니었다. 깨진 얼음판 사이로 강물이 솟아오르고 물이 고였다. 그 얼음판 위로 썰매를 타면 반 물속으로 가라앉았다 솟아오른다. 우리는 무례하게도 '늙은이 뱃가죽'이라 불렀다. 그러다 운 나쁘면 강물에 빠져 동태가 되곤 하였다. 나뭇짐을 지고 강을 건너다 얼음판이 깨져 강물에 빠져 죽는 사람도 이따금 발생했었다. 중학생시절 스케이트를 타다 제일 깊은 저수소沼, 숨구멍에 빠져 죽을 고비를 넘긴 아찔한 일도 있었다. 겨우 얼음판을 잡고 물구나무서 빠져나왔지만 내 몸은 동태가 되어 있었다. 어른들에게 혼날 것이 두려워 사실을 숨기고 친구 집에서 몸을 녹여 겨우 살아난 기억이 새롭다. 부모님껜 영원한 비밀이 되었다.

오랜만에 스케이트를 타 보고 싶었다. 손 뗀 지 30년도 넘은 스케이트를 다락방에서 찾았다. 날이 무디고 낡아빠진 내 젊은 날 겨울동무 중 하나다. 해지고 녹슨 스케이트를 갈아 날을 세운다. 뒤뚱거리다 이내 자세를 잡는다. 바람을 등지고 빙판을 미끄러져 간다. 감촉이 좋다. 얼음에 금이 가며 깨지는 소리가 찌르렁~ 찌르렁~ 계곡에 가득 찬다. 얇은 얼음판이 금이 가며 현란하고 영롱한 오색 무지개 빛을 낸다. 여울목에 얼음이 녹아 흐른다. 겨울 강여울 얼음을 스쳐 흐르는 물은 수정보다 더 맑고 곱다. 얼음 한 조각을 입에 물고 하늘을 본다. 눈을 감는다. 얼음조각에서 무지개가 보인다.

찰강은 맑고 투명하며 깨끗하고 신선하며 순수하다. 메강은 흐리고 탁하며 땟국물 젖은 더러움이며 변질과 불순이다. 찰강은 맹자의 성선설이고 메강은 순자의 성악설처럼 인식해 왔다. 인간이 처음 이 세상에 나올 때 찰강처럼 맑고 깨끗하고 순수하다. 모진 세상 살아가며 상처받고 때 묻고 병들고 상하며 메강이 된다. 메강의 상처와 인고를 우리는 나무랄 수 없다. 시련을 겪어 이긴 삶에서 지혜와 현명을 배운다. 경의를 표하여야 한다. 자연의 순리대로 입춘 우수 경칩이 오면 두텁던 강 얼음도 슬그머니 녹아 버린다. 한 줌 연기처럼 홀연히 사라진다. 그러다 동절기가 되면 다시 태어나 한세상을 또 아기자기 삶을 엮으며 살아간다. 강 얼음이 서걱거린다. 반짝이며 녹아 흐른다. 우리의 삶도 그러하다.

# U-턴 금지

설 명절 끝, 썰물처럼 아이들이 떠났다. 음악을 듣다 이내 무료해진다. 흘러간 젊은 날의 아련한 흔적, 현재까지 확고부동의 세기의 선남선녀 1위, 그레고리 펙과 오드리 헵번이 화면에 스친다. 최고의 명화 〈로마의 휴일〉이다. TV 화면을 고정시킨다.

해맑고 순수한 지성과 신비, 영롱한 영혼을 본다. 기억 저편에 고이 간직한 세월의 강 건너 추억 속에서 찬란히 꿈꾸던 청소년시절을 회억한다.

그 시절이 썩 만족할 만한 지난날은 아니었지만 그렇다고 그리 불행하지도 않았었다. 뭔가 한 줌 부족해 허전한 듯 허기를 느꼈지만, 늘 새로운 꿈을 꾸었고 슬프면서도 내 생애 가장 빛나던 연둣빛 싱싱했던 시절, 이상과 현실의 부조리에 좌절하면서도 또 새로운 희망의 싹을 틔우고 도전하던 젊음의 세월이었기 때문이리라.

1960년대는 내 청춘의 시작이었다. 인생의 덜 여문 물알이었다. 초-중-고-대로 이어진 알토란 같은 10년이었기 때문이다. 소년은 산 높고 물 좋은 산촌 진안을 떠나 호남의 수도, 남한의 6대 도시, 문향 예도文鄕 藝都 전주에서 새로운 눈을 뜨기 시작했다.

갓난아기로 한국전쟁의 고비를 넘기고, "못 살겠다 갈아보자." 3 · 15부정선거. 자유당과 이승만, 이기붕의 몰락을 지켜보았다. "독재정권 물러가라!" 형들의 피맺힌 4 · 19함성을 들었다. "안녕하십니까?" 대신 "재건합시다!" 로 인사말을 대신하였고, "반공을 국시의 제1로 삼고……."로 시작되는 혁명공약을 줄줄 외우며 5 · 16정변 속에서 초등학교를 마쳤다.

중학교시절 가장 젊고 멋있는 미국 케네디 대통령이 저격되어 세상은 요란했다. 그때 미국의 존재는 우리나라의 구세주였다. 베트남전이 발발 외화 획득을 위해 가난한 나라의 젊은이들을 파병, 목숨값으로 경부고속도로 건설비용에 보탰다. 우골

탑을 마친 가난한 형 누나들은 광부로 간호사로 이역만리 동서 분단국 서독으로 파견되었다. 굴욕적 한일협정을 반대하는 데모는 쉴 날이 없었다.

삼양라면이 등장하여 선풍적 인기를 끌며 먹거리 문화의 패턴을 바꾸고 있었다. 간편한 조리법과 독특한 맛은 순식간에 뭇사람들을 중독시켜 버렸다. 시내엔 중국집 숫자만큼이나 라면집이 성시를 이루었다. 고급 제과점 〈부래옥〉과 〈풍년제과〉는 눈에 띄게 한산했다.

북한 특수부대 청와대 침투사건의 여파로 예비군이 창설되고 온 나라는 준 전시태세로 돌입하였다. 고등학생들에게 목총이 주어지고 교련과목이 신설되었다. 유사시엔 학도병으로 전장에 차출될 예비 새끼 군인들이었다. 국민교육헌장이 발표되고 대학입학 예비고사제도가 실시되었다. 국민교육헌장은 각종시험의 필수 출제문제였고 학생이라면 줄줄줄 다 외워야 했다.

싸우면서 일하고 건설하는 새마을 운동은 요원의 불길처럼 퍼져 “새벽종이 울렸네, 새아침이 밝았네.” 노랫소리는 시도 때도 없이 방방곡곡에 울려 퍼졌다. “해 뜰 때부터 해 질 때까지” 제1~2차 경제개발 5개년 계획이 발표되고 경부고속도로가 준공되고 경제특구가 지정되었다. 저축과 근검절약 수출만이 살 길인 양 일개미처럼 일을 하였다. 상급학교에 진학하지 못한 우리 또래의 대다수 가난한 아들딸들은 영등포, 마산 등 공업단지에서 낮에는 일하고 밤에는 공부하는 이 나라 경제의 주역이며 수출의 역군이었다. 하루 열두 시간 이상을 노동에 시달리며 부모형제와 가정 경제에 헌신하는 희생양이었다.

라디오에선 "조국에 계신 동포 여러분 기뻐해 주십시오. 대한의 아들딸들이……." 스포츠 중계방송의 귀재이며 아나운서의 전설 임택근, 이광재의 목소리는 전국 도시와 농촌 골목골목에 울려 퍼졌다. 한명숙의 〈노란 셔츠 입은 사나이〉, 패티 김의 〈파드레〉도 선풍적인 인기를 구가했었다. 흑백 TV의 등장으로 방송문화의 일대 변혁이 있었으며, 극장가에선 청춘스타 엄앵란과 신성일이 신파극 〈이수일과 심순애〉보다 유명세를 타고 있었다.

그때 영화는 나의 구원이었고 피안의 도피처였다. 팔달로 옛 전주시청 앞 사거리에 미원탑이 생기고, 구 전주시 중심가 중앙동에는 외화 전문극장 공보관이 있었다. 고사동 오거리부터 다가동 쪽으로 삼남 · 코리아, 2,000석이 넘는 매머드 영화관이 개관하였다.

〈나바론 요새〉, 〈콰이강의 다리〉 등 스펙터클한 전쟁영화, 〈로마의 휴일〉, 〈사운드 오브 뮤직〉, 〈닥터 지바고〉 등 문예물, 〈벤허〉, 〈십계〉, 〈쿼바디스〉로 대표되는 성화聖畵, 〈셰인〉, 〈OK목장의 결투〉 등 서부활극, 〈007위기일발〉시리즈 첩보 물 등 국내 개봉작은 거의 섭렵했었다. 다만 아쉬운 것은 수준 높은 프랑스 영화보다 미국영화 중심이었다. 물론 핑크물이라고 예외는 아니었다. 용감하게 변장을 해 가면서 미성년자 관람불가 장벽을 넘었었다.

고교시절 이웃에 살았고 옆 학교에 다니던 문학천재 《혼불》의 작가 최명희를 만난 것은 불행인지 행운인지 모르겠다. 전국백일장을 휩쓴 신데렐라였고, 도전하면 할수록 백전백패, 상처만 안겨 주었다. 그 선배만 보면 주눅이 들고 기가 죽었다. 그가 졸업한 뒤에야 조금이나마 숨통을 트고 기를 펼 수 있었다.

대학진학의 기로에서 방황했던 지난날들이 아리다. 서울 SKY대학만 눈에 보였다. 입주 가정교사, 아르바이트, 장학금을 받아 근근이 학업을 이어가던 내겐 넘기 힘든 높은 벽이었다.

돈 걱정 안 하며 비굴하지 않게 공부할 수 있는 길-적성을 존중치 않고 문과文科를 이과理科로 바꿔가며 보라매의 길을 찾았다. 공군사관학교–불행의 씨앗이 잉태하고 있었다. 그땐 천형天刑이 될 줄은 전혀 몰랐었다. 얼마 후 연좌제緣坐制란 악법의 거미줄에 꽁꽁 얽힌 잠자리가 되었다. 꼼짝할 수 없었다, 조국과 삶의 의미를 알 수 없었다. 모든 것에 환멸을 느꼈다. 세상을 미련 없이 떠나고 싶었다. 죽음을 꿈꾸었었다. 운명에 순응하기로 했다. 아무런 흔적도 남기지 않은 채 깊은 산속으로 꼭꼭 숨어버렸다. 어머니는 1년 가까이 전국 절간을 이 잡듯 뒤지고 다니셨다. 어머니의 위대함에 굴복하고 환속還俗이라 여길 수도 없는 환속을 하였다.

망각忘却이란 편리한 지각이 있기에 지금 나는 살아가고 있는지도 모른다. 망각이 없었다면 나는 지금의 내가 아닌 별나라에서 온 이상한 사람, 외계인일지도 모른다. 때론 기억보다 망각은 더 필요한지도 모른다. 사춘기 깔딱고개에서 아니면 그 인생에서 가장 힘든 시절, 삶의 도정에서 누구나 자살의 마술에 한 번쯤은 걸려들었을 것이다. 꿈꾸었을 것이다. 단지 실행을 망설이다 미수에 그쳤을 뿐일 것이다.

지나가 버린 과거는 아름다운 추억으로 포장되어 나타나지만 사실은 쓰리고 아린 상처이다. 그저 바람처럼 지나갔고 망각에 힘입어 희미해 졌기에 아름답게 보이고 그리워할 뿐이다.

만약에 신께서, 아니 조물주가, 나에게 젊은 청소년시절로 돌아갈 수 있는 단 한 번의 기회를 준다면 어떻게 할까? 유혹에 빠지고 싶은 야릇한 욕망이 인다. 깊은 상념에 잠긴다. 대부분의 사람들은 다시 돌아가 새로운 삶을 살고 싶어 할 것이다. 그러나 유감스럽게도 이 세상이 창조된 이래 아직까지 그런 일은 없었다. 그런 특권을 누린 사람은 신 이외엔 단 한 사람도 없었을 것이다.

눈앞에 'U~턴 금지!' 빨강 표지판이 확 튀어 나온다. '김재환 씨 당신은 절대로 1960년대로 다시 돌아갈 수 없습니다.'란 표지판 아래 쓰인 빨간 글씨가 유난히 선명하다.

# 초록은 동색

네 번째 공판 시작 직전이다. 젊은 여성 국선변호인이 "웬만하면 끝까지 고집 부리지 말고 판사님의 뜻에 따라, 동의하시고 불이익을 받지 마세요. 젊은 판사 심기 건드려 봐야 벌과금만 과중 부과됩니다." 형사사건의 피의자 편에서 진실을 밝히고 권익을 보호키 위하여 피의자의 청구에 의해 국가에서 선임 변호해 주는 변호사를 국선 변호인이라 한다. 그런데 변호인 변호사가 하는 말이라니 가관이었다. 수임료가 고액인 사선 변호인이라면 이렇게 말할까? 내 귓속을 후비며 "변호사님, 내가 지금까지 고집 부리는 걸로 보였습니까?" 빤히 변호사의 눈을 뚫어지게 쳐다보며 반문했다. 변호인은 자신이 내뱉은 말에 민망했는지 애써 시선을 회피한다. 건당 1회 변론수임료 30만 원을 받는 경범죄 변호인의 말을 새겨들을 필요는 있었다. 벌써 운수 사나워 반년 이상 금전과 시간낭비하며 싸우고 있었으니 서서히 지쳐가고 있었다. 그러나 나쁜 관행을 뿌리 뽑고 정의를 실현시키고픈 오기 아닌 오기가 꿈틀대 부글부글 끓고 있었다.

정년 뒤 진안고원으로 귀향하여 전주로 오가며 살고 있었다. 고향 진안문인협회 회장과 《수필과비평》 전북 회장으로 봉사하고 있었다. 국가문화예술진흥기금 신청 업무추진 차 전북도청에 가는 길이었다. 순두부 음식점으로 유명한 화심 두부마을 앞 26번 4차선 국도에서 좌회전 하는 중이었다. 55번 지방도 완주군 동상방면에서 과속으로 진입하던 승용차가 내 애마 우측 전면 하단, 앞 타이어 부근을 추돌하는 사고가 발생했다. 상대방 차량은 전면 좌측 모서리 전조등과 범퍼, 보닛 부근이었다. 큰 사고는 아니었으나 많이 놀라고 차량은 꽤 부서졌다. 내 차량은 SUV차량이라 앞 오른쪽 범퍼와 타이어가 파손, 펑크가 난 상태였다. 보험회사에서 와 조사한 결과나 운전경력 30년의 내 경험과 상식으로 보아 상대방 진입차량의 과속과 운전부주의로 인한 과실이 주 요인이었다. 관할 경찰서 교통사고 전담

반은 도착은 30분이면 충분한데 두시간만에 현장에 도착, 사고 조사에 임했다. 상대방 차량은 관내에서 중소기업을 하는 대표의 고급 차량이었다.

며칠 후 조사결과 100% 내 잘못이라는 통보를 받았다. 위반 사항은 불법 좌회전, 좌회전 시 중앙선 통과선 밖을 뒷바퀴가 침범했다는 이유였다. 어이가 없었다. 신호위반도 아니며, 좌회전 통과 구역은 비좁게 설정되어 있어 소형차량은 통과 가능하나, 중형 이상 차량 통과는 절대 불가능한 도로상 구조결함, 차선구획의 잘 못이었다. 업무에 임하는 조사경찰관의 자세나 태도에 정의감이나 신뢰감 정직성 등을 전혀 느낄 수 없었다. 담당 경찰관과 상대편 차주와 뭔가 보이지 않는 야릇한 거래를 육감으로 느낄 수 있었다. 재조사를 요청, 정밀조사를 실시했다. 책임결과는 80:20으로 수정되었다. 합법 좌회전 차량을 과속으로 진입하던 차량이 후 측면부에서 들이받아 충돌한 사고의 원인이 받힌 차 운전자에 있다! 사고 원인이 누구누구의 잘잘못 과실여부가 아니라 정의와 상식, 교통법규가 상실된 법치국가의 민낯을 보는 것이 수치스러웠다. 국립과학수사연구소에 정밀감식을 요청했다. 1차 조사결과 경찰조사와 짜 맞춘 듯 특이사항이 없어 실망뿐이었다. 2차 감식을 국과수 본부 전담

팀에 요청했다. 경찰 담당자와 책임자는 짜증을 내며 무척 귀찮아했다. 나 역시 한가로운 사람은 아니었다. 옳지 못함에 분개하며 이번 기회에 옳고 그름, 시시비비를 명명백백 밝히고 싶었다. 내가 아는 교통법규 상식과 법리를 총동원 대응하였다. 2차 결과는 조금 진전이 있었으나 큰 변화는 없었다. 반전은 그저 내 희망사항이었다. 그들은 나를 하찮은 일로 국가공무원을 괴롭히고 국력을 소모시키는 악질 국민으로 생각하는 냄새를 풍겼다. 그리고 비슷한 일을 하는 같은 공무원으로서 동질감과 초동으로 조사한 초급경찰의 조사를 인위적으로 지키려는 의도가 다분했음을 느낄 수 있었다. 격분했다. 그러는 사이 3개월이 흘렀다. W경찰서는 나를 회유했다. 소송을 제기했다.

1차 약식재판을 받았다. 다른 교통법규 범칙자들 전부 판사의 서류 재판에 승복하고 인정한다. 나는 부당함을 제기하며 과실이 없음을 확실하게 주장했다. 판사에게 불쾌감을 표시하며 대항하니 공판을 기다리던 다른 젊은 피의자들이 수군거리며 쳐다본다. 법정이 술렁이자 판사는 신경질을 낸다. 여태껏 교통사고 피의자가 강력하게 조목조목 반발하며 대항하는 것은 처음이었나 보다. 시간적으로 쫓기는 판사는 예기치 못한 탓인지 당황하였다. 젊은 판사는 교통사고는 중범죄행위가 아니니 과실을 인정하라 종용했다. 불복했다. 국선변호인을 신청했다. 한 주 후 국선변호인이라며 변호사 사무실에서 연락을 받았다. 사고경위 설명과 준비한 여러 증거물을 제시하며 2차 변론 준비를 하였다.

2주 후 2차 공판이 있었다. 경찰이 조사 제출한 증거와 내가 반박 주장한 증거가 다툼이 많았다. 3차 공판으로 넘겨졌다. 바쁜 내게도 시간은 귀중 했으나 기왕 화살은 시위를 떠났기에 과녁에 꽂히던, 빗나가던 끝장을 보고 싶었다.

1980년 전두환이 불법 정권을 잡고 국가기강을 바로 세운다며, 정의사회 구현을 위한 사회전반과 금융기관 일제 수사 때 검찰청에서 J검사와 농협법 법리논쟁을 하다 다투고 나중에 친해진 일화가 스친다. 그때 J지방검찰청 청사 현관 벽에 쓰여 있던 “정확하고 진실한 증언이 사회와 국가를 정의롭게 만들며 올바른 법치국가를 구현한다.” 는 문구를 지금도 잊지 않고 있다. 그는 지역 정치구도의 희생양이 되어 K고등검찰청장을 끝으로 공직을 떠났다.

3차 재판 날이다. 판사는 쌍방 과실을 인정, 범칙금이 많이 하향 조정되었다. 쌍방 과실을 인정할 수 없다며 100% 무죄를 주장하였다. 판사는 교통사고는 쌍방 과실이지 일방 100% 과실이 없다며 노골적으로 짜증을 내며 4차 공판 일을 지정하였다.

4차 재판이 시작되었다. 이제 담당판사와는 낯이 익었다. 눈도 안 맞춘다. 경위 설명과 경찰과 국과수의 잘못을 상향 인정 3:7로 과실을 판결 범칙금이 대폭 인하되었다. 경찰의 100% 내 과실이 30%로 밝혀졌다. 나는 30%도 사실 인정할 수 없었다. 옆자리 국선변호인이 신호를 보낸다. 판결에 승복했다. 마지막 하고 싶은 말을 하겠다며 허락을 얻었다.

"담당 경찰관은 자질 적성 품성이 교통사고 사고조사업무엔 부적격자 같으니 경찰서장에 의뢰 담당업무 보직을 변경해 주기를 바란다." 통보를 해 줬으면 좋겠다는 의견을 말했다. 판사는 "꼭 그렇게 공문을 발송하겠다."는 대답을 했다. 긴 소송 업무가 끝났다. 한여름이 되어 있었다.

황당한 교통사고를 잊어 갈 무렵, W경찰서장으로부터 한 통의 우편물을 받았다. 담당 경찰관의 보직변경 공문과 사죄의 서신이었다. 그러나 왠지 100% 신뢰할 수 없었다. 왜 그럴까? 그동안 경찰과 검찰 판사와 변호사 대부분의 법조인들은 법 앞에서 국민들을 지켜주지 못하고 법위에서 인권을 짓밟고 군림

하였다. 특히 강자에겐 비굴하리만큼 관대했고 약자에겐 혹독하리만큼 엄격하였다. 그러기에 '법 앞에 만인이 평등하다.'는 말을 일찍부터 믿지 않았다. 법리와 현실의 현격한 괴리 앞에서 국민은 절망하였다. 법에 대한 신뢰는 맨 밑바닥으로 추락하였다. 한국 사법부의 민낯이었다. 그놈이 그놈, 그년이 그놈, 끼리끼리, 유전무죄 무전유죄, 등 허황한 어구가 가슴에 박힌다. 불현듯 초록은 동색草綠 同色이란 말이 뇌리에 번쩍인다.

# 카마수트라kamasutra

연못은 몽환적으로 앙증맞고 신비롭다. 달月과 찬드라 왕비의 기이한 전설이 깃든 월지月池, 수면위로 파란 물안개가 가늘게 피어오른다. 연분홍 수련 사이로 오리 가족이 유유자적 아침을 연다. 호수 위에 서부사원 첨탑들의 잔영이 어른어른 반짝인다. 건기乾期가 시작되어 햇살 고운 사원군寺院群의 정문을 들어선다. 창공엔 독수리 몇 마리 이방인을 감시라도 하는 듯 날갯짓하며 맴돈다. 푸른 잔디밭 숲에선 원숭이가 기웃거리며 일행을 반긴다. 사원은 정결했다. 잘 가꾸어놓은 어느 왕궁의 정원보다 훨씬 더 깔끔하고 운치 있다. 드넓은 구릉, 푸른 초원 위에 듬성듬성 사원들이 자유롭게 서 있다. 사원은 여러 채가 아닌 한 동의 석조 건축물이다. 날렵한 모양새다. 사원과 사원 사이로 꾸불꾸불 잘 닦인 보도가 평안하고 아늑하다. 사원의 첨탑은 떠오르는 아침햇살을 받아 흰색도 붉은색도 아닌 연갈색의 묘한 빛깔을 시시각각 변화무쌍 발산한다. 사원 첨탑들의 황금빛에 눈부시다.

카주라호는 옛 10~11C 번성했던 찬드라 왕조의 수도였다. 델리에서 천리 길에 있는 조그만 마을이다. 오늘날 미투나 사원의 유명세를 타고 관광지로서 도약하는 모습이 생기 넘치고 발랄하다. 당시엔 서른여 개 남짓 사원이 있었다 하나 지금은 스무 개 남짓 남아 있다. 이슬람 지배와 오랜 세월 방치하여 많이 훼손 멸실되었다 한다. 평원 위에 사원군은 동부와 서부로 나뉘어져 있다. 동부 사원은 압살라 조각이 아름다운 자이나교 사원이며 규모면에선 서부 사원에 미치지 못한다. 서부 사원은 힌두교 사원으로 웅장하고 수려하여 예술성이 빼어나다. 처마 끝을 여러 층으로 쌓아올린 뾰쪽한 첨탑이다. 층과 층 사이 원형으로 된 벽에 새겨진 조각상들이 기기 묘묘 오묘하다. 전체적인 모양은 바닐라 아이스크림, 껍질 벗긴 통통한 옥수수를 세워놓은 모양새다.

정문에 들어서면 산뜻한 녹색 정원과 꽃동산이 펼쳐진다. 시바 신을 모시는 마팅게스와라 사원이 있고 그 옆에 춤추는 여신 압살라를 대표하는 락쉬미나 사원이 맞이한다. 비슈누 신(멧돼지)을 섬기는 바라하 사원도 옆에서 기다린다. 붉은 사암 원형의 벽면은 중세 인도의 부조浮彫를 대표하는 많은 반 양각의 조각상像들이 빼곡하다. 병사, 여인, 동물 등이 요염한 자태로 관능의 극치를 이룬다. 미투나 상은 노골적으로 에로틱하다. 남녀의 교합장면, 인간과 짐승의 혼음, 그룹 섹스 장면이 우스꽝스러우면서도 한편 성스럽고 리얼하다. 외설적인 적나라한 교합의 체위를 섬세하게 표현, 진지하기도 하다. 유난히 여인의 젖가슴과 둔부, 남성의 성기가 크고 볼륨 넘친다. 과장이 있겠으나 찬드라족과 아리안족의 신체 각 부위는 분명 동양인에 비해 크고 우람하다. 보수적 성 관념을 가진 동북아시아 사람들은 킥킥거린다. 어린이들은 한쪽으로 물러선다. 비교적 성 개념이 개방적인 인도인과 서양인들은 감상에 진지하다. 앙코르와트 조각상보다 음양각陰陽刻이 뚜렷해 훨씬 더 입체적이다. 현실감과 예술성은 배가된다. 천 년 전으로 시간여행을 한다. 찬드라 왕국은 성적으로 매우 개방된 자유분방한 나라이었나 보다.

왜? 신성한 사원에 에로틱한 성적 남녀 교합상을 수없이 조각해 놓았을까? 현지인 해설자의 설명이 뭔가 한 움큼 부족하다. 명쾌한 해답을 찾지 못해 갈증을 느낀다. 흥미로우나 시원한 대답이 없어 답답하다.

사원은 인간과 신 사이, 윤회의 삶을 사는 인간들을 피안의 세계로 실어 나르는 수레와 같다고 한다. 사원 내 외벽에 새겨진 선녀상과 악사들, 무장한 무사와 짐승들, 풍만이 넘쳐 터질 것 같은 완숙한 여인의 가슴과 둔부, 에로틱한 남녀의 교합상들, 우아하게 파인 허리선과 생동하는 몸짓, 넋이 빠진 황홀과 무아의 경지에 이른 얼굴 표정, 솔직 담대한 성행위의 표현은 체면을 중시하는 점잖은 유교교육에 길들여진 나로서는 낯붉히고 심장이 뛰는 큰 충격이었다. 그러나 세월의 더께를 쓴 나이가 심장박동을 진정시킨다. 야하거나 천박스럽지 않다. 성스러움을 인식한다. 사원의 벽면에 새겨진 사랑의 장면들도 카마수트라에서 뽑아 조각한 것이다.

절 입구에 사천왕이 가장 무서운 표정으로 사원을 지킨다. 속계와 선계의 파수꾼 사천왕은 공포의 대상이다. 어쩌면 신들의 신성한 장소를 악귀로부터 보호하기 위한 방편과 수단일 것이다. 우파니샤드에서는 사원에 조각된 수컷과 암컷의 에로틱한 교합상들은 신과 인간의 합일의 상징으로 해석하는 표현이 있다 한다.

카마는 애욕의 신이며 쾌락의 여신 라티의 남편이다. 금욕을 중시했던 불교시대에 항거라도 하듯, 힌두교는 적나라한 성욕을 승화시켜 다산多産을 하고 국부의 원천, 수단으로 이용했지 않았나 싶다. 칸타라야 마야데브 사원 등 여러 사원이야기는 끝이 없다. 신들의 나라 그리스신화보다 더 흥미진진하다. 이곳에선 삼라만상, 우수마발 모두가 신이다. 가히 신들의 나라, 신들의 천국이다.

카마수트라는 4C경 산스크리트어로 쓴 고대 인도의 성애에 관한 경전이다. 108개 체위의 성교장면을 뽑아 그림을 넣어 만든 성교범性敎範이다. 서점을 찾아 카마수트라, 카주라호 등 화보와 역사서 관련 자료를 몇 권 사 들여다본다. 화보 속엔 인간과 짐승이 연체동물 파충류처럼 꼬이고 감겨있다. 요가의 나라여서 그럴까 최고의 테크닉과 쾌락의 열반세계로 이끌 것 같다. 아니면 고도의 성 테크닉으로 인해 요가가 발전되었을까.

얼마 전 쓸쓸히 죽어간 이시대의 불운아 마광수가 떠오른다. 촉망받는 모든 장르의 문학을 섭렵한 작가이며 교수였던 그, 한국문단의 지나친 교훈성과 위선을 비판했던 사람, 외설과 파격적인 작품 색다른 시도를 하여 고루한 한국문단에 신선한 새

바람을 불어 넣었던 학자. 〈즐거운 사라〉, 〈나는 야한 여자가 좋다〉 등 대표작이 외설적이라는 이유로 구속되고 면직과 복직을 거치며 신산하고 곤고한 삶을 살아간 문단의 풍운아이며 이단아였다. 그의 직업이었던 문학과 동료가 그를 죽이고, 언론과 여론이 매도했었다. 말초신경을 자극하는 원초적 외설문학이라고 시대를 한 발 앞서간 그를 수장시켰다. 그들에 의해 지옥과 천국을 수없이 오르락내리락 한 작가, 더불어 사회와 조직이 체제가 그를 무참히 짓이겨 뭉갰다. 외신은 '한국의 외로운 에로티카의 장인'이라 부른다. 왜 하필 여기서 마광수가 떠오를까?

카마수트라의 설법이 이순 고개를 훌쩍 넘은 내 귀를 파고든다. '성性은성聖스러운 것, 추하거나 외설적이지 않다. 성은 즐겁고 건강하고 생산적인 것, 내리는 비나 눈처럼 자연스럽고 깨끗한 인간의 욕망이다.' 청춘의 불길이 스러지고 몸이 식은 후에야 깨닫는다.

* 카마수트라(Kamasutra): 현존하는 고대 인도의 성애론서 중에서 가장 오래된 문헌. 4~5C경 바츠야야나가 저술한 것으로 전해짐. 우파니샤드의 카마를 중심으로 한 내용이다.

* 우파니샤드:고대인도철학경전.산스크리트어로 師弟간에 '가까이 앉다'란 뜻. 스승의 발아래서 가까이 앉아 배우고 전수받는 신비한 지식. 스승은 먼저 아들에게, 다음 제자에게 가르쳤다 함.

* 인생의 3대 목적

1. 다르마: 法(종교적 의무)
2. 아르마: 實利(처세의 길)
3. 카마: 性愛(삶의 즐거움)

# 올해의 사자성어

엊그제 성탄절, 교수신문은 돌아오는 정유丁酉년 새해를 상징할 사자성어를 선정 발표했다. 예년에 비해 발표가 조금 늦은 감이 없지 않다. 세상이 하도 어수선하니 선정에 신중을 기했음이리라. 12월 20일부터 22일까지 전국 대학교수를 상대로 설문조사 결과 응답자 611명 가운데 198명(32.4%)이 군주민수君舟民水를 선택했다고 교수신문이 발표했다. 2위는 176명(28.8%)이 응답한 역천자망逆天者亡이었고, 3위는 113명(18.5%)이 선택한 노적성해露積成海였다. 오늘날 우리나라의 현실을 냉철히 꿰뚫어본 소름 끼치도록 경외감이 이는 말들이다. 오늘의 세태를 꼬집어 정곡을 찌르는 가장 멋지고 적절한 말이어서 그저 아연실색, 경악 그 자체이다. 다 비윤리적이고 비도덕적이며 희망적이지 않아 거부감이 이는 말들이다.

새천년이 시작 되던 해부터 해마다 연말이면 대학교수들은 교수신문에 다음해의 사자성어를 발표해 왔었다. 세 번째 밀레니엄 시대를 맞으며 우리 사회에는 사자성어가 연중행사처럼 시작, 토착화되었다. 대학교수신문이 주도해오며 지금에 이르렀고 앞으로도 쉬 사그라질 것 같지 않다. 이제는 유행인지 들불처럼 번져 각 지역, 기관, 회사 등 여러 단체에서도 그 나름의 사자성어를 선정 발표한다. 이 나라 최고의 지성, 대학교수들이 한 해를 가장 적나라하게 상징하는 사자성어. 17년간 선정한 사자성어를 연도 별로 상기시켜 혼미한 오늘의 우리나라 세태를 되짚어 반성하고 참회하고자 한다. 우리들 가슴에 깊이 되새겨 앞날의 지표로 삼는 계기가 되었으면 좋겠다. 사회정국과 연계 해석하는 것 또한 의미 깊은 일이라 하겠다.

새천년 연말에 선정한 다음해의 사자성어, 2001년을 상징하는 사자성어는 오리무중五里霧中이었다. '오리까지 안개가 자욱하여 어디 있는지 찾지 못하고 갈피를 못 잡는다.'는 뜻이다. 전 문민정부 김영삼 정부의 실패한 경제정책으로 국고가 메마르고 국민건강보험이 파산되었다, 국민의정부 김대중 정부가 산뜻한 사상초유의 금 모으기 운동을 전개 돌파구를 찾았었다. 정론직필을 외면한 조 · 중 · 동을 비롯한 언론사 세무조사, 전설적인 기업인 현대총수 정주영의 타계, 인천국제공항의 개항 등 희비가 교차되는 오리무중 속에 새로운 천년이 시작되었다.

2002년은 이합집산離合集散, '헤어지고 모인다.'는 뜻으로 어린이도 아는 말이다. 기적 같은 일이 일어났다. 절대 약세이던 야당 민주당의 노무현 후보가 제16대 대통령선거에 당선 되었다. 절대강자 한나라당 이회창 후보를 누르고 말이다. 진보정당이 최초로 연이어 정권을 이어가게 되었다. 서해안 연평도교전의 일촉즉발 위기와 안기부 선거조작 은폐사건 등 불행한 일도 있었으나, IMF 탈피의 희망을 보았고, 서울 월드컵에선 "대~한민국! 짝! 짝! 짝!" 4강 신화를 창조한 기쁨과 히딩크-박지성 리더십이 회자되는 희망 가득 찬 일도 있었다.

2003년은 우왕좌왕右往左往이었다, 노구를 이끌며 금 모으기 운동을 전개 만신창이가 된 국가경제를 살려놓았고, 남북교류의 물고를 튼 민주화의 화신 김대중 대통령이 물러나고 노무현 서민대통령이 취임했다. 여소야대의 정국에서 트집만 잡는 보수세력으로 인해 경제가 엉망이 되고 청년실업자와 신용불량자가 급등하였다. 사스 공포에 떨며 부정기업인의 구속과 검찰

개혁을 시도하였으나 별무효과였다. 미국의 이라크 침공으로 세계정세는 어수선하였다.

2004년의 사자성어는 당동벌이黨同伐異였다, '잘잘못에 관계없이 같은 무리끼리 뭉쳐 상대 다른 무리를 공격한다.'는 뜻으로 풀이된다. 정권을 잡지 못한 보수 세력은 집요하게 힘없는 대통령 흔들기를 하였다. 탄핵사유도 아닌 사유를 들어 국회의원 수 우위의 힘을 빌려 사상 초유의 대통령 탄핵을 가결하였다. 헌법재판소의 무효판결이 확정되고 탄핵을 추진한 야당은 덤터기만 쓰는 꼴이 되었다. 말도 많고 탈도 많던, 수도 서울의 포화상태와 국토 균형발전을 이유로 추진한 행정수도 이전 안은 무산되었다. 식량안보의 최후보루 쌀이 수입개방이 되었고, 성매매 금지법이 발효되는 등 세상이 떠들썩하여 시끄러운 한 해였다.

2005년은 상화하택上火下澤. '위는 불, 아래는 물이란 뜻으로 서로 배반하고 분열함을 일컫는다.' 호주제 폐지로 남녀의 평등권이 실현되고, 군 총기난사사건, 한일 독도분쟁, 안기부 불법 도청사건, 황우석의 줄기세포 배아와 유전자 논문 조작사건으로 국제적인 망신살을 당했다. 2002월드컵 최고의 축구스타 박지성이 영국 프리미어리그 최고의 팀 맨체스터 유나이티드에서, 박세리 김미현은 미 LPGA에서 눈부신 활약으로 국위선양을 해 울적한 국민들을 열광시켰다. 그러나 좋은 일보다 나쁜 일들이 더 많은 해였다.

2006년은 밀운불우密雲不雨, '구름은 잔뜩 끼어 있는데 비가 오지 않음'을 뜻한다. 별다른 태풍은 없었으나 기상이변 온난화에 따른 잦은 국지성 폭우로 전국이 물난리 피해가 극심했다. 독일 월드컵으로 스포츠 계는 들끓었으나 우리나라는 2002년의 신화는 재현되지 않았다. 지방선거에서 여당은 참패를 면치 못하고 여당은 야당의 횡포에 시달렸다. 박지성은 영국에서, 이승엽은 일본에서, 최경주와 여자 골프선수들은 미국에서 매 대회 우승으로, 문화예술인들은 세계 각처에서 수상, 우울과 실의에 가득 찬 국민에게 크나큰 희망과 기쁨을 주었다.

자기기인自欺欺人이 2007년으로 이어진다. '자기도 속이고 남도 속인다.'는 이율배반적인 말이다. 노무현 대통령은 북한을 방문, 김정일과 남북 교류의 문을 넓혀간다. 한미 FTA협상이 타결되고 농업인은 악재를, 대기업은 횡재를 맞는다. 태안 앞바다 유조선 기름 유출사건으로 환경오염의 심각성을 인식하고, 조류 인플루엔자가 극성을 부려 수많은 닭과 오리가 죽어

갔다. 비교적 성공적으로 서울시장직을 마친 이명박 후보가 야권의 후보가 되어 17대 대통령에 당선된다. 진보세력 여권에는 마땅한 대항마가 없었다. 진보정권 10년의 막은 내리고 보수정권으로 회귀, 뒷걸음치는 나라의 시발점이 되었다.

2008년은 국민의정부의 연장 참여정부가 막을 내리고 역사를 뒷걸음치게 한 골수 보수 세력이 정권을 잡은 해이다. 숫한 이념논쟁에 진보가 무참히 짓밟힌 불행한 10년이 시작되는 원년이었다. 근본이 불투명하고 사상검증이 제대로 안되었으나 높은 인지도와 인기에 힘입어 이명박 후보가 대통령으로 취임하고 골수 보수정권으로 돌아섰다. 이 해의 사자성어는 호질기의護疾忌醫, 병을 숨기고 의원에게 보이지 않는 것을 뜻한다. 말 그대로 옛 모스크바 크렘린 궁처럼 안개 속 한 치 앞이 안 보이는 깜깜한 안개정국, 연막정부를 잘 나타낸 말이었다.

2009년 방기곡경旁岐曲逕, '곧은길이 아닌 샛길과 굽은 길이라'는 뜻으로 정도正道가 아닌 사이비를 뜻한다. 한강과 낙동강을 잇는 대운하사업을 추진하다 국민들의 격렬한 저항에 부딪혔으나, 포기하지 않고 4대강 개발사업으로 방향을 바꾼다. 얼마나 많은 국력을 소비하고 자연환경을 훼손 파괴하였던가. 그 부작용으로 인해 국민들에겐 엄청난 정신적 고통과 국가에겐 천문학적 경제적 손실을 초래하였다. 정의롭고 깨끗했던 전임 대통령을 죽음으로 몰아넣은 살인 정권이 활개 친, 다시는 절대 발현되지 말아야 할 기억하기 싫은 괴팍한 한 해였다.

2010년 장두노미臟頭露尾, '머리는 감추었으나 꼬리가 보인다.'는 말이다. 진실을 감추려 하나 감춰지지 않는다는 뜻이기도 하다. 언론을 장악하고 진실을 숨겨 국민을 속이고 호도했다. 법인세 감세정책을 펴 재벌과 부자들에게 유익하게 하고 중소기업과 서민들에게 증세정책을 펼쳐 빈부의 격차를 벌리는데 크게 기여하였다. 해외자원개발정책의 실패는 수조원의 혈세를 낭비한 국가수치 자원 외교였다. 어린 시절 가난을 뼈저리게 겪은 대통령이 그 빈곤을 망각하고, 현대그룹 총수 정주영의 왕자-행운아가 되어 부富의 바다를 자유자재 부유하고 하늘의 별을 따는 황홀한 생활을 하였기에 국정을 좌중우지 하였을 것이다. 머리 없는 꼬리만 있는 괴물 같은 한 해였다.

2011년 엄이도종掩耳盜鐘, '귀를 막고 종을 훔친다.'는 말로 내가 못 들으면 남도 못 들을 거라는 어리석은 생각을 가진 얼빠진 행동을 말한다. 종편 채널을 만들고 친형 이상득의 막역지우 언론인 최시중과 조·중·동, 방송3사를 앞세워 국민의 귀와 눈을 막았으나 깨어있고 열린 국민의 의식은 막을 수 없었다. 북한 김정일의 갑작스런 죽음은 통일을 앞당기나 기대했었으나 엄청난 재앙이 닥쳤다. 스물여덟 어린 김정은이 왕권세습을 이었다. 구제역이 발생, 400여만 마리의 돼지와 20여만 마리의 소를 생매장시켰다. 천문학적 경제적 손실과 인간의 잔인성은 하늘을 찔렀다. 저축은행 부도와 여당후보 오세훈의 낙마, 야당후보 박원순 서울시장의 당선은 예견된 신선한 충격이었다.

2012년 거세개탁擧世皆濁, '세상이 온통 혼탁하여 정의와 광명은 없고 온통 흐리고 어둡고 혼탁한 세상을 일컫는다.' 온갖 비리로 얼룩진 이명박 정부의 막이 내린다. 광우병 소고기 수입으로 차벽과 컨테이너로 광화문 광장에 성을 쌓고, 미선이 와 효순이의 억울한 죽음, 전시작전권을 미국에 다시 올려 바치고, 전함과 승조원을 쥐도 새도 모르게 수장시킨-군軍 형법에 따르면 총살감인 천안함 함장을 국가 영웅화시켰다. 임기 말에는 망나니 부시 미국 대통령의 졸개노릇 시녀 노릇하다 임기를 마쳤다. 한나라당이 늘 말했던 '잃어버린 10년의 국민정부와 참여정부'는 고사하고, 5년의 집권으로 대한민국을 10년 더 되돌려 놓은 LMB 정부였다. 그럼에도 불구하고 예상 밖 최초의 여성 대통령 박근혜가 당선된다. 안철수 신드롬과 싸이 열풍은 충격이었다. 런던올림픽 5위 입상, 민간 스포츠와 문화예술 부문에서 조금의 위로를 받았다.

당선자의 원년 2013년 사자성어는 도행역시倒行逆施, '순리를 거슬러 행동한다.'는 뜻이다. 정말 기분 나쁜 말로 깡패사회나 후진 미개국에서 찾을 수 있는 말이다. 정말 깜도 안 되는 여성이 대통령에 취임하였다. 국민이 선택했기에 할 말이 없었다. 보수 여당은 나라와 민족을 전혀 생각지 않고 자신과 무리들을 생각한 선택이었다. 지연, 학연, 혈연, 등 모든 인연의 끄나풀이 승화되었다, 우리민족의 고질병 한국병이 최고조로 도출된 불행한 최악의 선택이었다. 그러나 한갓 희망은 여성시대에 선출된 이 나라 최초의 여성 대통령이었기 때문이었다. 영국의 마거릿 대처나 독일의 앙겔라 메르켈 총리의 반만큼만 따라가면 성공이라고 자위도 했었다. 그러나 결과적으로 그것은 단지 내 애국심에 기인한 희망사항일 뿐이었다. 국가정보원 댓글 사건, 개성공단 가동중단, 인재불공평 채택 등 나쁜 일들이 너무 많은 여성대통령의 원년이었다. 소통도, 리더십도, 화해도, 공평도 없었다. 오로지 아집으로 뭉친 독선만 철철 흘러 넘쳤다. 북한의 계속된 핵실험과 갈등, 경직된 대처로 남북관계는 더욱 더 냉각되었다. 그나마 전 정부 때부터 실패를 거듭한 끝에 성공한 나로 호 발사 성공은 큰 기쁨이었다.

2014년 전미개오轉迷開悟, '어지러운 번뇌에서 벗어나 깨달음에 이름'을 말하는 불교용어다. 건국 이래 최대의 참사, 도저히 일어날 수 없는 세월호 참사가 온 나라와 세계를 경악 혼란시켰다. 꽃피는 봄날 300여명의 어린 학생들과 가난한 국민들이 수장되었다. 침몰 2시간 동안 허둥대던 이 나라는 나라도 아니고 그저 춘추전국시대 패잔병 수준도 안 되는 최대 후진국의 하나였다. 유병헌 미스터리와 대통령 부재는 두고두고 국가망신의 역사 교과서가 될 것이다. 사자방이라 불리는 사대 강 개발사업, 자원외교의 실패, 방위사업의 비리는 국정조사에서도 유야무야 되었다. 전시작전 통제권의 연기, 독도분쟁, 단말기 유통구조개선법, 이정희의 통일진보당 해산은 독재국가 수준이었다. 이 나라 대통령이 저지른 잘못을, 이 나라 어느 어른도 어느 종교지도자도 하지 못한 상실감의 치유를 프란치스코 교황이 내한하여 국민들의 상처를 달래주고 치유해 주었다. 대한민국의 국격을 나락으로 끝없이 추락시킨 비참한 한 해였다.

2015년 지록위마指鹿爲馬, '사슴을 가리켜 말이라' 칭한 진나라 고사, 사기에 있는 말이다. 세월호의 처참한 상처는 국민들을 중병을 앓게 했다. 메르스 사태로 허둥대고 구멍 뚫린 보건

정책과 삼성병원의 안이한 대처, 위안부문제로 일본과의 갈등과 서투른 대처, 대통령의 인사 불통, 행정부의 무능, 입법부의 패거리 정치, 사법부의 부패. 안기부의 부정선거개입, 재벌들의 부정부패 등 총체적 부실이 만연했다. 무소불위 권력을 휘두르는, 국민 위에 헌법 위에 군림하는 청와대 무용론과 폐지론이 강한 울림으로 설득력 있게 다가왔었다. 그러나 불행하게도 메아리는 없었다.

2016년 혼용무도昏庸無道, '세상이 온통 어지러워 길이 없다.' 박근혜-최순실 국정농단사태, 촛불 집회의 성숙한 시위문화, 대통령 탄핵을 넘어 하야, 퇴진, 박탈, 구속, 징역운동, 사드 배치로 인한 중국과의 갈등, AI 발생과 미숙한 대처로 3,000만 마리 닭과 오리의 생죽음, 여소야대 국회의 탄생, 개성공단 폐쇄로 인한 경기 위축과 북한과의 긴장사태, 조선업 해운업의 몰락, 위안부 할머니와의 갈등, 최대 최고의 위기를 맞은 대한민국이었다. 오래 가지 못갈 것이지만 역사를 후퇴시키는 역사교과서 왜곡문제는 제일 큰 죄악이었다. 그러면서도 국가 위기상황에서도 시간만 나면 허울뿐인 창조경제와 일자리창출을 앞세워, 기업인들을 대동하고 전용기를 몰고 외교력과 경제력의 확대인 양 외유를 일삼았다. 패션모델인가 착각이 들 정도로 칠면조처럼 하루에도 몇 번씩 옷을 갈아입었다. 아마 국가 원수 중 가장 옷을 잘 갈아 입는 대통령일 것이다. 독일 메르켈 총리의 의상은 늘 검소하고 실용적이었다. 독일은 우리나라보다 3배 이상의 국력을 자랑하는 세계 제 4대 강국이다.

대통령은 특별히 선택된 강남의 어느 무당, 굿 장이와 함께 국정을 농단했다. 그것도 한두 달이 아닌 수년간, 이것이 나라냐? 대한민국의 민낯을 본다. 청와대 비서실과 참모들도 내각의 국무총리나 장관들도 새누리당 국회의원들도 다 똑같이 얼빠진 사람, 영혼 없는 물건들이다. 사형제도가 실시되고 있는 옛날이라면 즉결심판 총살감이다. 매국노 역적들이다. 그 틈새에서 가난하고 힘없는 서민들, 나라의 기본인 민초 백성들은 오늘도 힘겹게 촛불을 밝힌다. 더 나은 대한민국의 미래를 위해 목소리 드높여 박근혜 구속과 처벌을 외치고 있다. 매 주말 밤이면 수백만 촛불이 흘리는 촛농은 국민의 뜨거운 피눈물이다. 나라가 위기를 맞을 때마다 힘없는 민초 백성들이 이 나라를 구했다. 오늘은 엄연한 현실이고 훗날의 역사이다. 세밑이 행복해야 하는데 너무 가슴 답답하고 머리가 무겁다. 기가 막혀 말문이 막힌다. 나의 조국 대한민국을 떠나고 싶다. 칠순을 앞둔 나이에 또 이민병移民病이 도진다.

# 병신년

군주민수君舟民水, '물(강, 바다)이 화가 나면 배를 뒤집는다.' 즉 '백성이 뿔나면 임금을  갈아치운다.'는 말이다. 2016년 12월 20일~22일까지 전국교수 611명을 상대로 응답자에 한하여 교수신문은 올해의 사자성어를 뽑아 25일 발표했다. 그 결과 1위는 군주민수君舟民水로 '백성이 화나면 임금을 바꾼다.'가 32.4%, 198명이 선정하였다. 아이러니하게 육영수 중앙대 역사학 교수가 추천한 사자성어였다. 2위는 역천자망逆天者亡, '하늘의 이치를 거스르는 자는 망한다.'는 말이다. 28.8%, 176명이 선택한 이승환 고려대 철학교수가 추천하였다 한다. 3위는 노적성해露積成海, '작은 이슬이 모여 큰 바다를 이룬다.'는 뜻이다. 18.5%, 113명이 선택하였다 한다. 기막히도록 요즘 우리나라 정치판을 꿰뚫은 사자성어들이어서 소름 끼친다.

'군주민수'는 춘추전국시대 성악설을 주창한 《순자荀子》의 '왕제 편'에 나오는 말로 '백성은 물이고 임금은 배이니, 물의 힘으로 배를 뜨게 하지만, 물이 화가 나면 배를 뒤집을 수도 있다.'는 말이다. 이는 박근혜-최순실 게이트로 성난 민심이 대통령 퇴진을 요구하고 그 결과 대통령 탄핵소추안이 234567*로 승화되었다. 그것은 힘든 인내심의 끝, 온 국민의 민심의 표출이었다. 분노한 국민들이 대한민국은 민주공화국임을 재천명 확인하였다. 박근혜정권의 잘못된 행태와 말로-독재자를 계승, 유신정권의 답습과 연장의 필연적 산물이었다. 촛불은 횃불이 되고 성화가 되어 광장문화를 꽃피웠다. 서양의 광장들이 토론의 장으로 민주의 꽃을 활짝 피웠기에 위대한 줄 알았었지만, 우리나라의 광장이 이처럼 거룩하고 위대할 줄은 미처 몰랐었다. 마당문화-광장의 여론은 실로 아름다웠다. 2,300여 년 전 순자는 주권재민의 원리를 갈파하였다. 선정된 '군주민수'에 소름끼치는 선견지명과 경외감을 느낀다.

헌정과 국정을 농단한 등신 머저리들이 판친 병신년, 당연한 결과 사필귀정이다. 두 달에 걸친 촛불은 광장을 밝혔고 타

락하고 오염돼 썩어 문드러진 정치판, 행정부 입법부 사법부에 충격을 주었다. 민초들의 뜻을 거역하고 선택된 몇 사람들에게 충견 노릇을 한 재벌들과 추종자들을 위한 정치는 멸망하였다. 새 정치판을 짜야 하나 기성 정치인들이 마냥 미덥지 못하다.

하나하나 촛불이 모여 광장을 뒤덮고 도심을 밝혔다. 전라도 경상도 가릴 것 없이 전국방방곡곡 어른 아이 학생 가릴 것 없이, 천만 개의 촛불은 청와대에서 광화문 광장까지 도도한 강물을 이루었다. 그 강물은 온 바다로 전 세계로 흘러갔다. 밤하늘 위에서 보는 서울의 촛불 불, 광화문 광장의 촛불꽃은 과연 이 나라 민주주의의 영원한 횃불일까? 하늘의 신들과 우주인들도 서울의 촛불이 꺼질 때까지 지켜볼 것이다.

* 234567: 박대통령 탄핵소추안 국회 표결결과 찬성 234, 반대 56, 무효 7을 일컬음.

# 파사현정 임중도원 破邪顯正 任重道遠

올해 정국政局은 날씨만큼이나 변덕스럽다. 눈 내리지 않는 겨울은 70평생 처음이지 않나 싶다. 미세먼지는 뭇 생명을 위협하고 우울하게 만든다. 뾰쪽한 대책 없이 요란만 떠는 정부와 정치권이 영 미덥지 않다. 오래전부터 예견된 일이건만 요즘은 도에 넘친다. 괴상한 마스크를 쓰고 거리를 활보하며 오래 살려고 자욱한 미세먼지 속에서 걷기 운동하는 모습들이 코미디다. 이 세상 아닌 다른 행성을 여행하는 느낌이다. 우주정거장 풍경 같아 낯설다. '미세먼지가 아지랑이라면 얼마나 좋을까.' 넋 나간 사람마냥 시니컬하게 웃어넘긴다.

삶의 질이 팍팍해지는 민생을 뒷전으로 하고 정략적 싸움질만 하는 정치인들의 패악질에 구역질과 고열이 인다. 5 · 18을 부정하는 자유한국당 세 망나니들과 그들을 선동하고 따르며 옹호하는 똘마니 패거리들을 보며 분노한다. 그들은 왜! 대한민국을 상징하는 성스런 태극기를 동원 흔들어댈까? TV화면은 온통 붉은색 일색이다. 오감이 거부한다. 리모컨을 누른다.

어릴 땐 세월이 더디 가 불만이었고 지천명을 넘기며 시간이 너무 빨라지자 조급해졌다. 어느새 고희古稀를 넘겼다. 세월은 진보와 발전만을 가져다주는 줄 알았었다. 살다 보니 꼭 그렇지만은 않았다. 불가항력적인 어떤 힘과 일부 사악한 인간들에 의하여 문화와 문명에 따라 역사가 뒷걸음친다는 것도 알았다. 민초들의 촛불의 힘은 위대했었다. 그에 힘입어 세상을 쥐꼬리만큼 바꾸었다. 그러나 아직 강 건너 등불이다. 촛불혁명은 아장아장 뒤뚱뒤뚱 현재진행형 어린아기다.

해마다 연말이면 대학교수들이 다음해의 '올해의 사자성어'를 선정 발표한다. 지난해 무술년 사자성어는 '파사현정破邪顯正'이었다. '사악한 것을 깨부수고 바른 것을 드러낸다는 뜻이다.' 힘 있는 정치인과 경제인 권력자들이 버려놓은, 정치권에서 바로잡지 못하는 국기國紀를 바로 세우라고 백성들이 촛불을 밝혀

정권을 바꾸고 새판을 짜 놓았었다. 그동안 과거 정부의 잘못된 정책과 과오를 과감히 개혁, 바른 정책을 펴 국가의 기강을 바로세우고 국민의 안녕과 평안을 꾀하라는 새 정부에 바라는 간절한 국민의 마음, 염원일 것이다.

기해년 올해의 사자성어는 '임중도원任重道遠'이다. '짐은 무겁고 갈 길은 멀다.'는 뜻일 게다. 《논어》 '태백 편'에 실린 고사성어라 한다. 문재인 정부의 험난한 길을 예측하는 것 같아 섬뜩하다. 산적한 외치外治-한반도 평화구상과 방안, 북핵문제와 일본과의 갈등, 미국 과 중국과의 관계개선 등 수많은 난제가 나라를 옥죄고 있다. 내치內治의 난관-빈부격차해소, 삶의 질 개선, 부정부패 척결, 정치개혁, 입법부와 사법부 개혁, 부도덕한 일부 언론 바로잡기, 추락한 경제를 어떻게 현명하고 슬기롭게 대응하여 극복할 것인가. 무능과 안일을 탈피 하고 과감한 개혁의지와 해결을 절실히 주문하고 있다.

최근 20여 년 가까이 선정 발표한 올해의 사자성어는 소름끼치도록 경외감이 이는 말들이다. 오늘날 우리나라 세태를 꼬집은 정곡을 찌르는 가장 멋지고 적절한 말이어서 그저 아연실색, 경악 그 자체이다. 그간 대체적으로 비관적인 사자성어였다. 내년부터 희망적이고 낙관적인 사자성어가 발표되기를 간절히 기원한다. 후대가 절망하지 않는 참 좋은 세상이 되기를 소망한다. 결코 길지 않은 여생 조금이라도 더 행복하고 평안하게 살고 싶은 작은 본능이 꿈틀댄다.

그러나 글쎄다.

〈수필가가 감동한 이 한 편의 수필〉

# 군불을 지피며

정 원 정

나뭇광으로 쓰이는 지하실에는 아궁이가 만들어져 있었다. 입구(口)자 모양의 쇠틀을 벽에 붙인 함실아궁이다. 마치 거대한 아귀 한 마리가 아가리를 크게 벌리고 있는 형국이다. 내 키와 엇비슷한 높이에 있는 그 아궁이는 네모난 쇠판때기로 막지 않는 한, 일 년 열두 달 입을 벌리고만 있었다. 큰 물고기가 아가리를 마음껏 벌리고 먹을 것을 기다리는 모양 같았다. 생뚱맞긴 하지만, 방고래 속을 엄청 큰 물고기의 뱃속으로 상상하면 재밌다.

물고기의 먹을거리로 아궁이에 땔감을 지피는 나의 임무는 날마다 지속되었다. 쇠판때기 문을 열고 긴 굴속 같은 어웅한 아궁 안을 들여다보면 바닥에는 어제 먹다 남은 나뭇재만 소도록이 쌓여 있다. 부지깽이로 재를 뒤적거려 보면 꼬마별 같은 불씨들이 요리조리 숨바꼭질했다. 그 위에 잔다란 지저깨비를 얼기설기 포개놓고, 장작개비를 마저 얹어놓는다. 불쏘시개로 신문지에 불을 댕겨 나뭇개비 사이에 집어넣으면 불이 화르르 옮겨 붙는다. 부넘기가 없으니 저 안쪽 방고래의 속살도, 초입의 넓은 구들장도 환히 보인다.

장작개비의 불길은 서로 엉켜 점점 세어져 기세 좋게 여울여울 타들어 간다. 몸에 연기를 칭칭 감은 불길이 치받쳐 구들장 아래 골고래로 빨려가는 게 마치 큰 괴어怪魚 한 마리가 불덩이를 덥석덥석 삼키는 것 같다. 저렇게 삼켜진 불길은 시근담 사이사이에 얹혀 있는 구들장을 데워 줄 것이다. 그 뜨거운 불길을 양분으로 받아들인 구들은 하루가 다 지나도록 넉넉히 제 몸을 온기로 지탱한다.

세차게 타는 장작불이 어느 정도 사그라지는 동안 멍하니 불꽃을 보다 문득 지나온 생을 뒤돌아볼 때도 있다. 만 가지 상념이 불길 따라 너울거리기도 했다. 불땀이 약해질 때쯤에 장작개비를 부지깽이로 헤집고 그 위에 통장작을 몇 개 더 얹어 놓으면, 저들끼리 시부저기로 불땀을 만들었다. 나는 이윽고 지하실 밖으로 나온다.

건물 바깥벽에 휘우듬히 서 있는 높은 굴뚝에선 그새 구들 안을 휘젓고 굴레를 벗어던진 연기가 허공으로 당싯당싯 퍼져 나갔다. 구들은 온기만 삼키고 남은 연기를 허섭스레기처럼 밖으로 내쫓는가 보다. 냇내가 코끝을 스친다. 유유히 사라지는 연기 저 너머에서 얼핏 지난 세월이 어린다. 나는 왜 끝내, 내 안의 시꺼메진 그을음을 연기로 날려버리지 못했을까. 꼬다케만 안고 안에서 삭히려고 발싸심했을까. 햇빛과 나무와 물과 흙, 그리고 사람의 훈훈한 향기가 가끔은 바람이 되어 하늘하늘 불어주었음에도 말이다.

인도의 대설산大雪山에 산다는 상상의 새 한고조寒苦鳥는 밤이 깊으면 추위에 떨며 어서 날이 새면 집을 지어야지 하며 울다가 날이 밝으면 모두 다 잊고 "무상한 이 몸에 집을 지어 무엇하리." 그리 하기를 되풀이했다 한다. 무엇이나 다잡지 못한 채 어정뜨게 살아온 내 모습이 결국 한고조와 그다지 다를 게 무어겠는가. 삶의 행간마다 깨어있고 싶었던 내 노력은 태부족이었나 보다. 퍼뜩 생각이 멈추고서야 연기 먼지 마신 콧속과 목안을 물을 머금어 헹구어낸다. 그제야 집 안으로 들어가 일옷을 벗고 갈음옷으로 바꾸어 입는다.

한참을 지나 불이 어느 정도 사위었을 성 싶어 다시 지하실로 내려가 아궁 안을 들여다본다. 이글거리던 잉걸불은 거의 사그라져 숯불만 남아 있었다. 찬찬히 쇠판때기로 아궁이 문을 닫고 일을 끝낸다. 그렇게 활어 아가리 같은 아궁이에 불 음식만 잘 먹여주면 그 다음 날까지도 구들방은 식지를 않았다. 가난한 옛 어머니들이 힘겹게 아기를 낳은 산방産房이 그나마 구들방이었던 것을 생각하면 그 난방구조를 고안한 조상님께 새삼 머리가 숙여진다. 불을 가량없이 많이 지핀 날은 불목에는 눕지도 못할 만큼 방바닥이 뜨거웠다. 하지만 알맞게 데운 구들방에서 하룻밤 뜨끈하게 몸을 지지고 나면 한결 몸도 가볍고 얼굴까지 새뽀얬다.

간밤에 아랫목을 만져본다. 이불 밑이 아직도 따스하다. 사람의 온기만큼이나……. 어느 혈연인들 밤낮없이 곁에서 이만큼 수발들어 주겠는가. 세상은 온통 셈 빠르게 이익을 추구하며 겉으로 보여주는 것에만 가치를 두는데 구들은 생색내지 않고 지극정성으로 몸을 뜨겁게 달구어 제 몫을 다하는 것이었다. 구들장은 겉보기에 투깔스럽고 볼품없는 넓적돌이지만 참으로 속 깊은 사람의 순후한 품성을 닮았다.

동짓달 긴긴밤이 찾아오는 해거름, 아궁이에 불을 지피고 나면 무슨 큰일이나 끝낸 것처럼 한결 홀가분했다. 저녁노을도 가뭇없이 내려앉고 넓은 마당에 함박눈이라도 펑펑 휘날릴 때면 아궁이의 불땀을 더 단속했다. 어둑발이 퍼져 인기척마저 끊기고 깊은 어둠이 깔려 사방에 적막이 깃들면 산동네 공기는 금방 싸늘해진다. 하지만 군불 땐 방안은 마치 아기 몸에서 풍기는 배냇냄새처럼 포근함이 감돌아 나 혼자가 아닌 듯 마냥 훈훈하기만 했다.

그러나 구들방이라 해서 다 드스운 것은 아니다. 내 먼 유년의 초가에서였다. 군불을 지필 때면 부뚜막의 아궁이 이맛돌 밖으로 검뿌연 연기가 수시로 솟았다. 방고래를 타고 굴뚝으로 나가야 할 더운 연기가 거꾸로 정지 쪽으로 매번 나왔다. 불을 요량 없이 마구 처때는 것도 아닌데 풍구질하듯 연기는 그렇게 처냈다. 땔감이 없어 생솔가지라도 지필 때면 어찌나 맵던지 눈물 콧물까지 찔끔거렸다. 고랫재가 막혀서 그렇다고 했다. 그러니 뱃속이 덧난 구들방은 항상 냉골이었다. 연기는 제 갈 길을 못 찾아 정지의 천장에, 또 벽에 새카맣게 더께가 되어 묻어 있었다. 살강 밑 거미줄에도, 통풍창 살에도 거무튀튀한 그을음은 여지없이 드레드레 붙어 있었다. 늘 방이 추워 마음까지도 옹송그렸던 어린 시절의 기억이다.

내 안에도 무형의 구들은 있었다. 온갖 사유와 열정을 불태울 수 있는 통로가 마련된 가슴 속이었다. 때로 창가에 머무는 환한 아침 햇살을 보면 불꽃처럼 은밀한 열정이 일렁였다. 창공의 흰 구름, 지저귀는 새의 노래, 첩첩 주름진 먼 산들이 내 존재감을 부추겼지만, 팍팍한 현실에선 가슴을 뚫고 나갈 출구는 먼 신기루처럼 아득했다. 고랫재가 막힌 구들에 마른 화목을 넣어준들 소용이 없듯이 맨날 알 수 없는 허기진 갈망과 아픔, 서러움과 막막함이 더뎅이가 되어 불김을 막고 있었으니 무엇인들 연소가 되었겠는가. 가슴에서만 불길은 일렁이다 말았다. 하나 생의 환희를 꿈꾸며 생명의 경이를 품은 불씨야 어찌 제풀에 지쳐 사그라졌겠는가.

어느 시인이 말했다. "사람이 온다는 건 실은 어마어마한 일이다. 한 사람의 일생이 오기 때문이다." 그렇다. 한 사람의 현존은 전술 생애의 존엄을 짊어지고 있다. 우주를 닮았다는 우리의 생은 분명 거저 주어진 게 아닐 것이다. 그러기에 불씨를 가슴에 안고 살아낸 한 생도 시들할 수 없다.

내 안에 불길이고 싶었던 오래 묵은 염원들, 설령 부질없는 환상이었다 해도 내게는 세상없는 삶의 꿈꾸기였다. 세상살이에 진눈깨비 맞으며 시린 손 부비는 인연들과 아랫목의 온기

나누는 꽃불 같은 삶이 그리웠다. 이제껏 포기할 수 없었던 불씨를 꺼질세라 꾹꾹 눌러 가슴에 담아 둔다. 고향의 따스한 구들방 같은 의지처가 있다면 이 세상에 찬바람과 함께 자국눈이 뿌려진들 무어 그리 춥기만 하겠는가. 여울져 오는 구들장의 온기를 가슴에 안고 살아볼 일이다.

---

글을 쓰다 막히고 짜증나 지쳐 미쳐버릴 것 같은 때가 종종 있다. 어디로 훌쩍 정처 없이 싸돌아다니거나 술을 마신다. 그래도 풀리지 않으면 정원정 수필가를 생각하게 된다. 그분의 깊고 그윽한 관조와 순수한 심상, 뜨거운 열정을 본 받아 기와 힘을 빌려 졸작 한 편 완성하고 싶기 때문이다.

수년 전 이웃나라 일본에서 아흔여덟 나이에 첫 시집을 출간, 베스트셀러가 된 무명 여류시인 '시마다 도요'가 화제가 된 일이 있었다. 그분은 자신의 장례비로 남겨놓은 100만 엔을 과감히 투자, 평소 습작한 시를 모아 시집을 출간 세인들에게 큰 울림과 잔잔한 감동을 주었다.

〈군불을 지피며〉는 2011년 목포문학상 수필부문 본상 수상작이다. 작가의 나이 여든셋에 쓰신 역작이다. 선생님께서는 팔순 직전 나이에 수필공부를 시작하여 2008년 여든에 등단하셨다. 아마 과문한 탓인지는 몰라도 우리나라 문학사에서 지금까지 최고령 등단자이지 않나 싶다. 여든하나에 첫 수필집 《상상만으로도 행복하여라》를 상재하여 문단에 큰 반향을 일으켰다. 여든다섯 나이에 〈전북 도민일보〉 신춘문예에 당선되는 기염도 토하셨다. 5년이란 짧은 기간에 한국 수필계의 그랜드슬래머가 되었다. 4관왕의 위업을 이룬 대단한 노익장이시다. 그러나 그분은 지금도 먼 훗날을 꿈꾸는 여든여덟 소녀다.

그분과 만남의 인연 또한 특별하다. 10여 년 전 수필이 끄나풀이 되어 그분의 인생과 작품에 깊이 빠져들어 오늘에 이르렀다. 고아한 인품과 고결한 기상, 높고 넓은 해박한 예지와 맑은 정신의 소유자, 인생의 선배이자 문우이면서 스승이기도 하다. 이갑二甲의 나이 차이는 내 어머니 같은 분이시다. 돌아가신 어머님과 우연하게도 동갑이기에 애틋한 호감이 이는지도 모르겠다.

남편과 친구들을 다 보내고 홀로 남은 늦은 나이, 여든 즈음 글쓰기를 시작하였다. 일제강점기에 태어나 온갖 풍상을 다 겪으시며 세상을 살 만큼 사셨기에 좋은 생각, 깨끗한 영혼이 응집되어 관조의 자세 또한 드높았으리라.

저자는 "글을 쓰고 싶어서가 아니라, 잃어버린 망가진 꿈을 찾고 싶어 글을 쓴다. 좋은 생각, 개결한 마음으로 실상을 깊이 관조하며 쉽게 쓰고 싶었다. 손끝이 아닌 영혼의 근원에서 우러나는 절제된 수필 한 편을 쓰고 싶었다."라고 처녀 수필집에서 출간의 변을 토로하였다. 몇 해 전 어느 봄날, 글벗들과 내누거 산막 '대일원垈一苑'에서 쉬어가신 일이 있었다. 그 소회를 작품화 한 게 〈상상만으로도 행복하여라〉이고, 첫 수필집의 제목이 되었기에 나로선 무한한 기쁨이고 영광이었다.

일찍이 신학문의 높으신 경지까지 이루시고 한지공예, 자수와 그림에도 출중한 자질과 솜씨를 발휘하여 명인 명장의 반열에 오르신 분이시다. 인생 노정의 온갖 풍상을 겪으시고 헤쳐이겨 오셨기에 관조와 사유의 깊이는 헤아릴 수 없다. 글 쓰는 재능과 열정 또한 젊은이들이 따라 잡을 수 없는 높은 경지에 도달해 계시다.

〈군불을 지피며〉는 아궁이와 방고래가 지닌 본질적 특성을 개성적인 시각으로 육화하여 미적 감동을 자아낸 역작이다. 예컨대 '방고래의 속을 고래나 상어 같은 큰 물고기의 뱃속'으로 본 것이나, '군불을 땐 방안을 아기의 몸에서 풍기는 배냇냄새'로 비유한 문장들이다. 이렇듯 관조나 의미 부여의 여러 문장들이 주제 형상화에 큰 몫을 하였고 문장이 매우 깔끔하고 매끄럽다.

특히 끝부분에서 "여울져 오는 구들장의 온기를 가슴에 안고 살아볼 일이다."란 인간화의 문장이 여운을 짙게 하기에 본격 수필의 면모를 너무나 여실하게 드러내고 인간적이기에 높이 평가하고 감동하는 수필이다.

정원정 수필가의 수필에는 우리들의 이전 세대, 일제 강점기–해방까지의 고운 우리말, 옛말들의 보고이다. 한 편의 수필에는 언제나 열 개 남짓, 다시 써야 할 고운 우리 옛말을 만난다. 그분의 글을 읽으려면 국어사전과 우리말 사전을 준비하여야 한다. 이 작품에서도 "함실아궁이, 소도록이, 잔다란 지저깨비, 부넘기, 시근담, 시부저기, 휘우듬히, 당싯당싯, 허섭스레기, 꼬다케, 발싸심" 등 정감어린 고운 우리말을 문장 적재적소에 차용하여 곱고 깔끔하며 맵시 있는 문장들을 만들었다. 국어의 우수성과 아름다운 어휘를 전파하고 영어를 맹신하는 요즘 세대와 국민정서에 경각심을 일깨우기도 한다.

신세대 젊은이들은 상상도 못할 잊혀가는 옛 아름다운 풍속들과 말들이 등장한다. 작가와 비슷한 세대 독자들은 그리워하고 추억하며 회한에 젖는다. 한 편의 수필에서 여러 폭의 풍속도를 보는 것 같다. 독자들은 공감하고 감동한다.

정원정 수필가에게 부디 건강과 장수라는 축복이 내리길 간절히 기원한다. 빳빳이 풀 먹인 새하얀 모시적삼 같은 깔끔하고 고고한 수필을 쓰시길 바란다. 그리하여 우리에게 감동과 행복을 주는 그런 수필을 많이 읽을 기회를 주시기를 기원한다. 나는 오늘도 무딘 글을 다듬기 위해 군불을 지핀다.

# 03

# 디아

부처님의 최초 설법지 사르나트(녹야원)에 앉아 있다. 부처의 탄생지인 룸비니 동산, 깨달아 득도한 부타가야, 입멸장소 쿠시나가리와 더불어 불교의 4대성지 중 하나이다. 부처님께서 깨달음(정각正覺)을 이루신 뒤 7주간 명상에 잠기셨을 때, 하늘의 제석천이 하강하여 크나큰 깨달음을 뭇 중생을 위하여 설법하여 주실 것을 간청하였던 바, 처음 이곳에 오셔서 고진여 등 다섯 제자를 상대로 4제 8정도를 설파하셨다.

설법 3세기 뒤 아쇼카 대왕이 다메크스투파(원형탑)를 건립하고 성역화하였다 전해진다. 녹야원 안에는 중앙신전, 부처님의 설법장소, 머무른 곳, 다메크스투파 등 유적들이 폐허인 채로 남아있다. 불교가 이 나라 국교로서 번성을 누릴 때 아쇼카 대왕이 세운 '아쇼카 대왕의 석주,' 설법을 기록한 매끄러운 거대한 붉은색 대리석 기둥이 범상치 않다. 강철보다 단단한 대리석 기둥은 두 동강이 난 채로, 옛 우리의 고토 중국 길림성 광개토대왕비마냥 유리벽에 갇혀 있다. 힌두교와 이슬람교에 의해 파괴되고 폐허가 된 사르나트는 불교 쇠잔衰殘의 역사를 말해주는 듯하다. 힌두교 신전 같으면 어설픈 대우를 받지 않고 국보급 예우를 받으며 호사를 누릴 것 같다는 생각에 왠지 씁쓸하다. 종교는 훌륭한 예술작품을 창조하기도 했지만 늘 문화예술위에 군림하며 타종교를 억압 말살시키며 이어온 양면성을 지녔다. 종교가 문화예술 위에 존재치 말고 곁에서 상생하는 동반자 또는 협력자가 되어야 한다. 성지순례 차 찾은 호리빼빼 소박한 차림의 미얀마 승려와 불자들, 화려한 치장을 한 뚱뚱한 스리랑카 불자만 가득하다. 녹야원 다메크수투파 앞 푸른 광장에 염불 소리와 향내 그윽하다. 내국인 승려나 불자는 보이지 않고 외국인 스님들과 불자, 관광객만 가득하다. 불교가 번성하던 12C까지 불교문화와 굽타문명을 화려하게 꽃피웠던 아쇼카 왕조를 상기한다. 화려하고 찬란했던 굽타문명이 사라진 까닭과 이 땅에서 탄생한 불교가 왜 쇠퇴의 길을 걸었는지 골똘히 생각에 잠긴다.

인류문명의 4대 발상지중의 하나인 갠지스강 유역, 바라나시는강 중류에 자리 잡고 있다. 힌두교 7대 성지 가운데 으뜸인 곳이다. 백만이 넘는 인도 5대 도시 중 하나이나 연간 순례자는 훨씬 많다 한다. 사실상 힌두교의 본산이라 할 수 있다. 부처님의 최초 설법지 녹야원이 있는 이곳에 1,500개가 넘는 힌두교 사원이 있다는 것은 풀 수 없는 영원한 아이러니며 미스터리다. 옛날부터 힌두문화와 역사를 연구해온 중심도시며 산스크리트 대학과 바라나시 힌두대학이 있다 한다.

갠지스 강은 인도 북부 히말라야 설산의 빙하에서 발원하여 서북에서 남동으로 흘러내려 벵골만으로 흘러간다. 야무나 강 등 여러 지류와 합류, 2,500㎞의 유장한 물줄기다. 어둠을 뚫고 자전거를 개조한 릭샤를 타고 시가지를 이리저리 돌며 강안 가트ghat로 향한다. 기독교 교회도 보이고 조그만 불교 사원도 눈에 띈다. 길거리엔 나뒹구는 사람과 짐승들로 가득하다. 새벽인데도 어젯밤의 연장선상이다. 구릿한 냄새가 오장五臟을 들썩인다. 개미집처럼 얽히고설킨 미로-시장골목을 빠져나가 최고의 사원 골든 템플 비세시와르에 이른다. 가트의 길이는 강 양안兩岸으로 각각 4㎞에 이르며 삼단 계단이 강물 속으로 이어진다. 하늘이 희번하다. 한쪽에선 화장火葬을 하고 시신의 한 줌 재를 강물에 뿌린다. 그 옆에선 아무렇지도 않은 듯 태연하게 여인네는 머리를 감고 남정네는 목욕을 한다. 배를 타고 강으로 나아간다. 위 아래로 오르내리며 삶과 죽음을 본다. 화장용 통나무를 가득 실은 배에선 인부가 분주히 통나무를 옮긴다. 시신이 붉게 타오르는 화장장 옆으로 소와 양 몇 마리 어슬렁거리며 먹이를 찾는다. 망자의 시신을 치장했던 꽃과 이파리를 먹어치운다. 시신 타는 비리고 매캐한 냄새는 강바람을 타고 새벽하늘로 오른다. 천상은 이승보다 더 나은 세상일 터 누구인지 모르지만 망자의 명복을 빈다. 망자의 큰아들은 망자에게 쉼 없이 경의를 표한다. 최상의 신분 브라만도 최하층 신분이 주재하는 장례식장에선 연신 머리 숙여 굽실댄다. 평생을 그 자 위에 군림했지만 지금 이 순간만은 최하층인 장례집행자에게 고개 숙여 아부한다. 이것이 인생인 것 같다. 이승엔 계급이 있지만 저승엔 계급이 없을 것이다. 인간이 만든 문화와 관습, 법률과 규율에 얽매어 살아가는 삶이 진정 옳은 길일까? 신은 대답이 없다. 종국엔 인간의 삶은 다 평등한 것인데…….

향을 피워 올린다. 디아를 강물에 띄워 흘러 보낸다. 강물의 유속流速은 예상보다 빠르다. 나의 남은 인생노정도 저처럼 빠르게 흐르리라. 건너편 강가에서 아슴푸레 해가 솟는다. 갠지스의 태양이다. 카메라 셔터를 누른다. 땅에선 안개, 강에선 물안개가 피어오른다. 실루엣 풍광이 몽환적이다. 여기저기 플래시 섬광이 새벽을 열며 고요를 깬다. 강물 위에 금물결 은물결이 반짝인다. 천상의 길이다. 천상으로 가는 길은 이곳 인도에서만큼은 물길이다. 갠지스강 물길이다. 떠오르는 대로 시구詩句를 읊조린다.

**망자亡者**

사람이 죽었다.
화장하여 갠지스 강에 띄운다.
소 양 몇 마리
망자의 슬픔을 아는지 모르는지
송장 냄새를 맡고
주변을 어슬렁거리며 먹이를 찾는다.

망자의 육신과 정신도 함께 뿌린다.
타다 남은 연기는 하늘로 치 솟고
디아는 강물위로 흘러간다.
영혼은 하늘로 육신은 강으로 길 나선다.
브라만도 종국엔 불가촉천민에게 고개 숙인다.

* 디아: 힌두교인들이 건강과 안녕을 기원하며 갠지스강물에 띄우는 꽃불. 종이접시 위에 촛불을 밝혀 강물에 띄운다. 물위에 떠있는 연꽃모양 같다.

* 가트ghat: 인도 갠지스 강변의 화장火葬하는 돌계단. 힌두교인들의 화장터.

# 멀고 먼 카사블랑카

## 지브롤터 해협

군사요충지 지브롤터, 영국령을 지나고 있다. 바다건너 아프리카 대륙에 에스파냐의 땅 세우타가 어슴푸레 보인다. 스페인과 영국은 각기 다른 대륙에 요새, 영토 군사기지를 갖고 있는 게 무척 부럽다. 국력이 하늘을 찌르고 바다를 갈랐던 옛 영광스런 역사가 있었기 때문이리라. 아득히 먼 초등학교 때 뇌리에 각인된 지브롤터 해협이 눈앞에 있다. 지브롤터와 세우타는 직선거리 14km 30분 거리, 가깝고도 먼 다른 세상이다.

이베리아반도의 시작점이고 끝이기도 한 스페인의 남서쪽 땅 끝, 아니 유라시아 대륙의 서남단에 서 있다. 해협 건너 아프리카 대륙이 손에 잡힐 듯 선연하다. 탈리파 항 언덕 위 전망대에서 구름 아래 스페인의 직할령 아프리카대륙 세우타를 바라보고 있다. 바람은 풍력 발전기의 프로펠러를 돌리며 아프리카로 넘나든다. 국경-대륙의 관문, 살기殺氣 띤 옛 성채들이 우람한 항구에서 출국수속을 밟는다. 모로코 탕헤르 항까지 페리로 한 시간 남짓, 가로질러 30km. 국제항이지만 승하선 시설은 반자동이라 불편하기 그지없다. 캐리어를 끄는 나이 든 여성 가이드가 힘들어 한다. 신사도를 발휘한다. "그라시아스 Gracias!" 건조하나 경쾌하다.

아시아 다음으로 큰 대륙 아프리카, 유럽과 아프리카를 나누는 바다, 대서양과 지중해의 바닷물이 서로 만나 하나 되는 곳, 물색이 다르다. 염도 또한 다르단다. 거센 물살을 예상했으나 의외로 해협은 잔잔하다. 인간이 금 그어 놓은 대륙의 경계선을 갈매기들은 자유롭게 넘나든다. 덩치 큰 화물선들이 우렁찬 기적을 울리며 해협을 자주 오고간다. 조금 뒤면 나는 아프리카 대륙의 땅위에 서 있을 것이다. 내 생애 처음인 역사적인 순간이 될 것이다. 수 년 전 남아메리카 대륙에 첫 발을 디딜 때처럼 가슴이 뛰고 설렌다.

**탕헤르**

6년 전 피치 못할 사정으로 취소한 아프리카 방문을 오늘에 이루게 되었다. 2010 남아공 월드컵 축구와 일정을 맞추었으나 갑작스런 집안의 중대사가 발생, 포기할 수밖에 없었다. 동남 아프리카 6개국 투어였다. 나일문명의 발상지 이집트를 가고 싶었어도 내란으로 인한 여행 위험지역으로 지정되고 에볼라 바이러스의 창궐로 자유롭지 못했다. 이런 저런 이유로 늦어졌다. "꿩 대신 닭"이라고 대륙의 북서쪽 모로코를 선택 하였다.

계단을 오르내리며 모로코 입국 수속을 마쳤다. 〈노트르담의 꼽추〉로 유명한 배우 〈안소니 퀸〉을 닮은, 이름이 재미있는 현지가이드 '사이다'가 호방한 웃음으로 환영한다. 꾀죄죄한 차림이나 기골이 장대하다. 이 나라에서 꽤나 알려진 조연 배우이며, 일이 없을 때 부업으로 가이드 일을 한단다. 묻지도 않았는데 마누라가 셋이어서 먹여 살리기 힘들단다. 우리 남자들에게 "절대 마누라 여럿 두지 말라."고 너스레를 떤다. 모로코-아랍 국가들은 일부다처제 국이다. 법적으로 일부일처제이나 관례는 일부사처一夫四妻까지 허용되고 있단다. 남녀의 성비가 맞지 않을진대 여기서도 재력이 풍부한 자들의 특권이리라. 가난한 자는 장가도 못 가는 세상이다. 우리나라 역시 흙 수저들은 결혼도 못 하고 빈민국 이민족과 결혼하는 슬픈 현실이 된 지 꽤 오래 되었다.

프랑스 식민지였던 모로코, 탕헤르 시는 인구 30만으로 휴양지로 각광받으며 현대도시로 발전하고 있었다. 가난한 나라이나 도시는 비교적 깨끗한 편이었다. 바다에서 본 시가는 고층건물이 눈에 많이 띄었다. 항구 한편에는 날렵하고 호화스러운, 영화 〈007 시리즈〉에 나옴직한 화려한 대형 요트 한 척이 몸과 마음을 유혹하고 있었다. 약 1,000여 톤, 흰빛 선체에 푸른빛 유리로 건조된 선박, '사이다'에게 물으니 사우디아라비아 왕세자의 호화 요트라고 알려준다. 석유의 위력은 대단했다. 국왕의 요트와 전용기 기타 등등은 얼마나 화려 휘황찬란할까? 이슬람 문화권이라 용납은 되겠지만 빈부의 격차에서 오는 갈등은 어떻게 해결할 것인지 걱정이다. 사람은 태어날 때 계급과 서열, 빈부의 신분이 구분된다. 슬픈 일이다. 신은 부의 균형분배에 무관심한가 보다. 금 수저와 흙 수저를 본다. 신은 정말 공평하지 않은 것 같다. 인간은 신에 대해 분노한다.

순백의 화려한 호텔에서 조밥 비슷한 현지 식사, 빵 한 조각에 당근 호박 가지를 찐 채소와 그 위에 노란색의 향신료를 듬

뿍 부어 비빔밥 비슷하게 먹는다. 여로에 지쳐 시장했으나 시장기를 때우지 못했다. 모두들 음식을 남긴다. 프랑스 에티켓이 몸에 밴 종업원들의 서비스는 최고급이다. 호텔 앞 자카란다 꽃이 진한 향과 화려함을 뽐낸다. 수년 전 멕시코시티에서 처음 본, 자줏빛 자카란다 꽃의 고혹적인 색깔과 향기의 강렬한 인상이 오래 남아있어 지울 수 없다.

**리바트**

대서양 해변 길을 따라 남서로 달린다. 고속도로 수준은 우리네 지방도 수준에도 못 미친다. 허접하고 비포장도 많다. 소나기가 내렸는지 웅덩이엔 황토물이 고였고 강물은 흙탕물이다. 버스 속도는 80~90km, 드넓은 초원과 구릉이 끝없이 펼쳐진다. 차창엔 빗방울이 번진다. 언제 비가 내렸냐는 듯이 햇빛이 반짝인다. 낮은 하늘 아래 뭉게구름이 화려하다. 우리나라 여름날 소나기 한 줄기 내린 뒤 풍경보다 더 진하다. 낮은 산맥도 이어진다. 대서양 푸른 물빛을 보고 바다의 파도 소리도 이따금씩 듣는다. 오수가 밀려온다. 참을 수 없다.

버려진 땅, 비 경작지나 하천 옆 풀밭에서 벙거지를 뒤집어 쓴 채 풀 먹이는 목동을 본다. 비 맞은 양 떼라야 고작 스무 마리 남짓, 많아야 서른 마리 정도, 소와 말은 다섯 마리 안팎, 젖소 역시 다섯 마리 정도다. 비경제적이다. 모로코의 GNP 4,000달러. 농업소득은 더 낮을 것이다. 그들의 삶과 생활을 이해하려니 소년시절 큰집에 얹혀 살 때, 소 풀 뜯기다 저녁노을을 바라보며 산 너머 또 다른 세상과 강물이 흘러간 맨 끝의 세계를 꿈꾸던 일이 파노라마처럼 스친다. 우리네 삶도 소 한 마리가 재산의 큰 밑천인 때가 있었다. 반세기 전 우리들의 자화상을 보고 있다. 서글픈 실소가 스쳐 지난다. 농지는 비옥한 듯하다. 대규모 비닐하우스가 눈에 띄고 농장의 규모가 커진다. 북아프리카의 최대 농업국이며 대부분 농산물은 해협 건너 유럽으로 수출되는 중요 산업이란다. 특히 파인애플 생산량이 아프리카 최고란다. 이따금 사막의 왕자 낙타 무리가 어슬렁거린다. 사하라 사막이 그리 멀지 않게 이웃해 있음이리다.

리바트는 모로코 수도이다. 옛 수도 내륙 페스에서 지배국 프랑스에 의해 대서양 해안으로 옮겨온 새로운 수도이다. 교통과 경제적 이점을 살린 전략적인 천도遷都는, 페루가 스페인에 의해 내륙의 쿠스코에서 바닷가 리마로 천도한 것과 일맥상통한 것 같다. 평원의 언덕 위에 우람하게 서 있는 하산 5세의 왕궁과 왕궁탑의 위용은 압도적이다. 미완성의 왕궁, 건축 중 지진으로 파괴되었단다. 흙과 돌기둥이 우람하다. 파괴된 흔적 역시 거창하다. 죽은 자의 저택은 화려함의 극치다. 옛 왕국의 화려한 복장의 거인 근위병이 사주 경계를 한다. 금빛 찬란한 금박, 모자이크 장식, 대리석의 화려함, 예술의 경지를 뛰어넘은 신의 솜씨였다. 푸른빛 실내조명 역시 신비롭다. 모자이크 예술, 미술품의 아름답고 신비로움에 깊이 빠져든다. 하산 5세 국왕의 묘소는 화려하며 괴기스럽다. 하노이 호치민 묘소를 많이 닮았다. 아니나 다를까 설계자가 베트남 사람이란다. 호치민 묘소를 설계한 사람이 아닐까? 유추해본다.

**카사블랑카**

바닷가 길을 따라 남서로 강을 건너고 평원을 지난다. 해안 성벽과 요새도 심심찮게 나타난다. 강변 모래밭에서 맨발로 축구를 하는 아이들이 눈에 띈다. 어릴 적 우리들의 모습이다. 대서양 바다 가운데로 태양이 휴식을 취한다. 저녁놀이 붉은색이 아닌 신비한 그레이-회색이다. 그윽하다. 메카를 향한 대규모 공동묘지가 구릉을 이어 가며 계속된다. 삶과 죽음이 공존 상생하고 있었다.

해안 길을 따라 이 나라 최대의 도시 카사블랑카 도심으로 접어든다. 험프리 보가드와 잉그리드 버그만이 주연한 영화로 더 잘 알려진 고도, 달빛 스며드는 초저녁 녘 베르베르인들의 숨결을 듣는다. 이내 달빛은 사라지고 소나기 한줄기 지나간다. 중심가, 교통 신호등도 없지만 자동차들은 제 맘대로 역주행 역회전은 보통이다. 아찔하다. 벤츠 천국이다. 폐차 직전, 이미 폐차했어야 할 벤츠가 심벌마크를 자랑이라도 하는 듯 의기양양 대부분 운행한다. 페루와 쿠바에서 잘도 운행하던, 우리나라 꼬마자동차 티코가 활개 치던 경악이 되살아난다. 비교적 신 차종은 옛 지배국 프랑스제 푸조(peageat)가 대세였다.

대서양에 인접한 모하메드 5세 광장에서 아침을 맞았다. 푸른빛이 신비한, 세계에서 제일 높다는 모스크 – 하산 메스키다(140m)의 위용은 대단했다. 코발트빛 모자이크의 신비롭고 정교한 아라베스크 미술과 건축의 진수를 본다. 비둘기와 갈매기와 사람들이 싱그런 갯내를 공유하는 일상도 행복한 순간으로 이어진다. 주변의 해안선은 밀려오는 큰 파도와 부서지는 포말에 썩 어울려 기대이상의 풍광을 선물한다. 등대가 보이는 포토 포인트에서 몇 컷 풍광을 담는다. 경비견 셰퍼드를 카메라에 담으려니 초상권 침해라며 째려보며 재빨리 자리를 뜬다.

영화 〈카사블랑카〉의 주 무대였던 카페 '릭스'에 갔다. 해변

가에 있는 영화 속 그대로이다. 시에서 문화재로 관리 보존한다고 한다. 두 남녀의 이루지 못한 사랑의 비애를 추억한다. 주인공의 흉내를 내며 창가에 앉아 수평선을 바라보며 차를 마신다. 사실은 촬영 주 무대는 미국이었으나 유명세는 이곳이 더 타고 있었다. 역사의 아이러니를 본다. 주인공 험프리보가드의 멋있는 흰색 정장처럼 말끔하고 깨끗한 모로코 최대의 도시 카사블랑카를 떠난다.

### 페스-뒤로 메면 남의 것

고대도시, 옛 수도로 가는 길은 멀었다. 가는 도중 허름한 고속도로 휴게소에서 교민이 만든 도시락으로 점심을 때웠다. 쌀이 좋아 반찬이 어설프나 밥맛은 최고다. 왁자지껄 시끄러운 소리가 진짜 시장다운 구시가지 메디나에 들어섰다. 모로코에서 세 번째 큰 도시, 100만 인구에 구도심과 신시가에 반반이 살고 있다 한다. 8세기 아드리스 2세에 의해 수도가 되어 오늘날까지 종교 예술, 문화 학문의 중심지 역할을 하고 있다. 세계 최초의 대학이 있고 철학 수학 과학을 14C기 유럽으로 전파한 문명 선진국이었다. 13C 최고 번성기를 누렸으나 지금은 옛날만 못하단다. 그래도 아프리카에선 잘사는 편이란다.

시장 안은 한낮인데도 어둠컴컴했다. 이스탄불의 바자르처럼 건물과 건물 사이로 가림막이 얼키설키 쳐져 있다. 지진에 의한 건물 붕괴의 위험을 방지하는 건축술이란다. 9,000여 개의 골목, 겨우 두 사람 비켜 갈 수 있을 정도다. 큰 골목은 노새나 나귀를 타고 지나간다. 미로이기 때문에 시장골목투어 현지 안내인을 하나 붙인다. 소매치기 천국이니 가방 조심하라고 여러 번 강조한다. "앞에 메면 내 것, 옆에 메면 반만 나의 것, 뒤로 메면 남의 것."이란 말을 예로 든다. 구릉과 계곡 위 아래로 이리저리, 발길 닿는 대로 걷는다. 사원 학교 궁전 찻집 공방 가게 염색공장 시장 목욕탕 많기도 하다. 빨리빨리 대충대충 가려 보아도 2시간 남짓, 천천히 돌면 하루, 꼼꼼히 살피려면 사나흘이란다.

테너리라 불리는 가죽 염색공장을 구경한다. 온갖 가죽 공예품이 즐비한 매장의 계단을 오른다. 지독한 냄새로 머리가 아파 온다. 4층의 지붕 테라스 위로 올라 유명한 염색공장을 내려다본다. 비수기를 이용, 보수 수리 중이라 작업하는 광경을 볼 수 없었다. TV 화면을 통해 자주 본 광경으로 상상했다. 만약 작업 중이라면 고약한 냄새를 견디기 힘들단다. 박하 잎으로 콧구멍을 막고 구경해야 하며 토하고 뛰쳐나가는 사람이 비

일비재하단다. 낙타 소 말 양 노새 나귀 등 가죽을 소 오줌, 비둘기 똥 등 천연재료를 이용, 염색소로 사용하여 세계적 명품을 만드는 장인정신이 경외스럽다. 금속공예 향신료 또한 이 나라가 자랑하는 산업의 하나이다.

낙타가죽 허리띠를 사기 위해 매장에 들렀다. 잘생긴 이슬람인 하나가 우리 일행 여성 한 분에게 치근댄다. 낙타가 200여 마리 갖고 있는 부자이며 아내는 셋이 있고 마지막 넷째 부인으로 맞고 싶다고 가이드에게 통역을 부탁한다. 청혼 받은 40대 초반 여인네는 얼굴이 빨개져 곤혹스러워 한다. 미모가 아닌 뚱뚱한 몸매에 작은 키, 복스러운 얼굴이다. 이곳의 미인 기준은 뚱뚱한 몸매를 선호하는 것 같았다. 이슬람 여인들, 이곳 모로코 여인들은 날씬한 여성을 찾기가 힘들었다. 아랍어를 모르는 나로서는 농담인지 진담인지 구분할 수 없다. 분위기나 표정으로 짐작건대 진심인 것 같아 그 여인에게 "프러포즈 받은 걸 축하한다." 했더니 금세 얼굴이 빨개지며 수줍어한다.

카라위안 회교사원 관람은 제한적이다. 모자이크 건축물의 정수를 본다. 근엄한 경비병의 감시의 눈초리가 매섭다. 사원 옆 국가 주요시설 국방부 건물이라 사진촬영도 자유롭지 못했다. 아틀라스산맥 고원도시 고도 페스에서 지중해 바닷가 도시 북북서 탕헤르로 떠난다. 비옥한 고원의 농토는 푸르다. 몇 시간을 달려도 밀밭과 비닐하우스가 끝이 없다. 아프리카 최대 미개발 농업국답다. 대서양에 지는 저녁놀이 처연하다. 20~30여 마리 양떼를 모는 양치기는 하루의 고단을 쉬러 집으로 발걸음을 옮긴다. 지중해에서 떠오르는 열이레 달빛 또한 외롭고 쓸쓸하다. 아프리카의 달이 모자이크 되어 차창에 아른거린다. 사람 사는 것은 결코 녹록지 않은 것, 아픔과 인고의 세월을 엮는 것이다.

# 매리설산梅里雪山의 만년설을 바라보며

엔징을 찾아가는 도중 첫 번째 사고가 발생했다. 50대 초반 부부와 20대 아들로 짜여진 2호차 팀, 시가를 막 벗어나 외곽으로 들어설 무렵 일행에게 비상이 걸렸다. 스마트 폰을 잃어버렸단다. 다시 송찬림사행 셔틀버스를 타는 광장으로 돌아갔다. 찾을 만한 곳을 찾아봐도 나오지 않는다. 폰을 포기하지 않는다. 꼭 찾아야 한단다. 사업상 주요거래처와 모든 연락처가 입력되어 있단다. 현대는 전화번호부가 스마트 폰에 다 저장되어 있으니 잊어버리면 큰 낭패다. 대다수 폰 분실이나 사고에 대비하여 별도 연락처를 기록하여 보관하지 않는다. 30여 분 기다려도 뾰쪽한 방법이 없다. 그리 미안해 하지도 않는다. 그동안 관찰한 바로는 조금 어리숭한 구석이 있었다. 갈길면 여정인데 한 사람 때문에 무한정 기다릴 순 없었다. 현지가이드와 내외간은 남아 더 찾아보고 다음 기착지에서 만나기로 하고 7대만 떠나기로 했다. 1시간이 훌쩍 지났다. 즐거워야 할 분위기가 푹 가라앉았다. 그들의 아이들은 다른 차량에 분승하였다.

가파른 길, 포장도로라 해도 비포장이나 다름없는 험악한 길, 사막화 된 급경사 산비탈에서 굴러내리는 돌과 바위 흙무더기, 평균 주행속도는 50km/h남짓이다. 차창에 스치는 풍광이 그나마 위로가 된다. 한 시간여 달리다 보니 폰을 찾았다는 연락이 왔다. 송찬림사 구경을 마치고 돌아오는 셔틀버스 좌석 사이에서 발견하였고 버스 운전자가 보관하고 있었단다. 지난 봄 에스파냐 마드리드에서 지갑을 눈 깜짝할 사이에 도둑맞은 순수한 서울 L 사장 부인의 모습이 떠올랐다. 가방을 “앞에 메면 내 것, 옆에 메면 반만 나의 것, 뒤로 메면 남의 것.”이란 말이 떠올라 ‘픽’ 혼자 웃었다. 정직한 민족이다. 순수하고 깨끗한 심성과 영혼을 가진 깊은 불심을 가졌기에 남의 것에 절대 욕심내지 않는다 한다.

차량 8대가 달리다 보니 차에 막히고 떨어져 뒤처지기가 빈번하다. 오르막 고갯길에서 저속 대형 화물차량을 만나면 추월은 불가하다. 하염없이 기다리며 뒤따라야 한다. 맨 마지막 차량인 내가 탄 차는 뒤따르기 바쁘다. 백마설산 전망대에서 현지가이드에게 "왜 금사강 제일만전망대를 지나쳤냐." 고 추궁하니 "들렀다 오지 않았느냐."고 되레 으아 해 한다. 기가 막힌다. 내가 착각을 할 리가 없는데……. 동승한 수행가이드와 같이한 젊은 일행도 어리벙벙한다. 우리 차량은 앞차를 따라 잡기 위해 금사강 제일만 전망대를 그냥 지나쳐 버린 것이다. 절경을 놓친 것이다. 금사강 제일만은 강줄기가 휘몰아쳐 장강에 이르고, 사천성, 운남성, 서장(티베트)으로 나뉘는 갈림길이며 군사적, 경제적 요충지며 역사적인 곳이다. 앞서간 차량은 5분간 전망대에서 절경을 감상했었단다. 우리 차량만 그리되었다. 수행 가이드와 현지가이드에게 따끔한 질책을 했다. 자동차간-선두 차량과 마지막 차량 간 활발한 교신의 필요성이 절실히 대두되었다. 여행사에 적극 권유키로 했다. 개별차량 분승 여행의 큰 결점이었다.

가는 도중 도로 상태 등 돌발 상황이 자주 발생하므로 점심 예약을 할 수 없단다. 오늘은 가는 길 조그만 길가 음식점에서 간단히 현지 식으로 때우는 방법이다. 고개 4,000m까지 올랐다 한없이 내려간다. 금사강 지류, 산줄기를 넘고 강변을 지나고 다리를 건넌다. 여전히 붉은 황토물이 유유히 흐른다. 이곳은 물살이 세지 않다. 강 양안, 개활지에 푸른 초원이 있다. 산골마을 아파트도 보이고 시장이 있다. 강을 가로질러 고압선이 흉물스럽다. 구름다리가 흔들흔들 어설프다. 번즈란 마을, 우리네 면소재지만 하다. 거리의 음식점, 고원지대의 파리가 판치는 식당에서 어설픈 점심을 먹는다. 자동차가 뛰고 흔들려 뱃속은 텅 비어 있다. 그러나 별 식욕을 못 느낀다. 음식에 약한 아내는 준비한 깻잎과 고추장으로 허기를 때운다.

구름을 뚫고 고원으로 오르다 평편한 초원지대에 이른다. 산맥 줄기는 산 아래 차마고도가 실타래처럼 이어진다. 가는 빗줄기 한 차례 지나간다. 발아래 풍경이 신비롭고 몽환적이다.

비 내림이 그치고 안개구름이 서서히 솟아오른다. 큰 구릉 두 개가 알맞게 솟아 예쁘다. 그 구릉 사이에 마을이 선경이다. 우리네는 한여름이건만 이곳은 초가을 나뭇잎과 풀잎들이 물들기 시작하는 때다. 구릉은 잘 정리되고 가꾸어진 농작물 칭커가 수확을 기다리고 있다. 누런빛과 연초록빛의 향연이다. 반대편 높은 곳 비탈에선 야크와 양떼 말과 나귀들이 한가롭다. 나른한 오후다. 시간이 뚝 멈춰 오래 머물고 싶은 곳이다.

집으로 가지 않아도 좋을 만큼 평화롭고 아늑하다. 샹그릴라가 이곳이 아닐까 하는 착각에 빠진다. 카메라에 풍경을 정성스레 담는다. 고운 색 위에 고원의 상큼한 바람 소리와 적막과 평안 여유로움까지…….

운남 최고最古의 티베트불교 발원지 동죽림사를 살폈다. 조그만 마을을 외롭게 지키고 있다. 승려도 몇 분 안 되고 규모는 꽤 크나 옛 영화를 그리워하는 듯 심산의 수도원 같다. 사찰이 한가해 1층부터 4층까지 샅샅이 살폈다. 송찬림사에선 볼 수 없었던 진귀한 풍경들을 볼 수 있었다. 위층엔 고승을 모시는 조그만 법당이 여러 곳 나뉘어져 있었다. 방화수 통으로 쓰이는 놋쇠 주물의 크기가 압도한다. 정문 악귀를 쫓는 해태도 사자도 원숭이도 아닌 상징물이 신비롭다. 그 이름을 아는 사람이 없다. 상상의 동물이라도 이름은 있을 텐데 의아스럽다.

백마설산 고개 휴게소에서 바람에 크게 나부껴 펄럭이는 타르쵸와 룽다의 소리를 듣는다. '옴마니밧메훔'을 쓴 형형색색 화려한 마니석이 예술품이다. 티베트 불교의 불경소리가 바람결에 실려 온다. 4,292m 표지 탑 앞에서 인증 샷을 하느라 부산하다. 사람들이 많아 좋은 사진을 기대하지 않는다. 바람소리와 원주민의 숨소리, 순박한 마음까지 카메라에 담고 싶은 마음은 그저 한갓 욕망일 뿐. 고갯마루 옆 평원에 고산지대 산야초가 노랗게 바람에 흔들린다. 바람에 흔들리는 키 작은 산야초의 모습을 카메라 아닌 마음에 담는다. 붉은 사암, 산 위로 흐르는 뭉게구름을 본다. 눈과 평행선이다. 고개 양편의 봉우리는 5,000여m 남짓, 이번 여행 중 지금까지 최고 높은 곳에서 있다. 서쪽을 향하는 해를 따라 산줄기를 오르내린다. 낮이 길어진다. 고원이라 해가 일찍 뜨고 늦게 진다. 3,400m에 위치한 제법 큰 도시 더친이다. 인구 7만이며 차마고도 주요 중간 교역지라고 소개되어 있다. 두 줄기 큰 산 계곡과 그사이 비탈에 이루어진 좁고 가파른 높낮이가 큰 도시, 티베트 산신의 굳센 오줌발인 듯 도시 위 계곡에서 큰 폭포가 시원스레 물줄기를 내뿜는다. 도저히 큰 도시가 형성될 수 없는 곳에 도시가 있는 것이 도무지 용납이 안 된다. 이곳은 상식을 무색케 하는 기이하고 특별한 게 많아 깜짝 깜짝 놀라게 한다. 비래사飛來寺는 차창관광으로 대신하며 그냥 스쳐 지나간다. 시간이 없다.

일행들이 고산병에 힘들어한다. 나에겐 아직까지 별 증상이 없다. 링거를 맞혀 같이한 옆지기는 힘들어 하나 예상외로 잘 견디고 있다. 수년 전 남미 안데스에서 5,000m 이상에서 끄떡없었으나 어떨지 모르겠다. 우리 내외가 일행 가운데 최고령

1, 2위였다. 어느덧 세월이 그렇게 흘러가 버렸다. 영빈 13탑이 있는 메리설산 전망대에 섰다. TV에 가끔 보아온 낯 익은 풍경이다. 6,740m의 메리설산은 얼굴을 쉬 보여주지 않는다. 구름과 태양과 나는 같은 눈높이에 있다. 6,000m 이상 열세 봉우리를 상징하는 영빈탑 초르텐이 일렬로 도열해 있다. 흰색 탑이 하오의 햇빛을 받아 반짝인다. 고원의 날씨는 바랄 나위 없이 맑고 청량하다. 한여름인데도 깊은 가을날 같다. 하늘은 쾌청 진한 코발트빛이다. 새하얀 뭉게구름은 시시각각 변화무쌍하게 꿈틀거린다. 서쪽 하늘로 기우는 태양의 빛줄기는 구름 사이를 뚫고 산야 초목들을 비춘다. 고봉들이 눈앞에서 키 재기를 한다. 손목에 찬 고도계는 4,500m을 가리키고 있다. 태양이 가까워도 공간의 밝기는 그리 밝지 않다. 푸른빛이 진하게 감돈다. 시간이, 모든 것이 멈춘 것 같다. 사진촬영하기엔 좋은 광도다. 여러 컷을 카메라와 가슴속에 꼭 꼭 담았다. 영원한 기록과 기억을 상기키 위하여! 티베트 여행의 참 맛과 의미를 느끼며 희열의 미소가 번진다.

순간 찰나에서 영원의 세상 속으로 인도하는 고원의 바람은 쉼 없이 룽따와 타르쵸를 펄럭인다. 내 마음도 설레며 시공간을 뛰어넘어 향불 연기 따라 천상으로 오른다.

# 바람보다 멋진 당신이여

3월 초 기온은 영하 4도, 추위를 느낄 만큼 쌀쌀하다. 남녘 섬진강변  매실농원의 꽃소식은 한창인데 뜨락 매화는 눈틀 생각도 않는 것 같다. 텐진과 베이징 상공을 지나 아나콘다처럼 역동적으로 꿈틀대는 만리장성을 넘었다. 고비사막을 지나 몽골고원의 한가이산맥과 알타이산맥의 고봉엔 눈이 하얗다. 칭기즈 칸의 말발굽 소리는 들리지 않고 적막강산 설산雪山 이다. 서쪽으로 기우는 태양을 따라 딸아이가 승무원으로 근무하는 A항공사 OZ-551편은 숨 가쁘게 서두르나 맞바람은 발목을 잡는다. 기내 모니터에서 고도 4만 5천 피트, 기외온도 -50도를 알려준다. 칭기즈칸은 이 드넓은 초원을 몇 날 몇 밤을 새우며

말달려 서아시아 제국을 정복했을까? 천년의 시차는 스무 배의 속도를 증가시켰다. 속도를 생명체에서 무생명체로 변환시킨 인간의 위력 앞에 그저 머리를 숙일 뿐이다. 몇 시간째 운해가 계속된다. 태양을 뒤따라 카스피해 상공을 지나자 구름이 걷히고 코카서스산맥의 준봉들이 새하얀 눈부신 옷을 자랑한다. 좀처럼 보기 힘든 눈부신 황홀한 설경이다. 유럽 최고봉 엘브루스(5,645m)와 터키 최고봉이며 노아의 방주가 닻을 내렸다는 아라라트산(5,165m)이 비행기날개 양 끝자락에 걸려 반짝인다. 눈부신 보석, 산맥을 뒤로 밀치며 운해가 목화송이처럼 떠있는 흑해 위로 접어든다. 이름대로 바닷물 색은 검은색일까? 하늘 위에서 보이는 색깔은 파랗다. 물색이 검은색인지 파란색인지 확인할 길이 없다.

비잔티움–콘스탄티노플–이스탄불로 문패를 바꾸어 달았던 사연 많은 역사의 고도. 보스포루스해협을 살짝 넘어 아시아에서 유럽대륙에 안긴다. 이 나라 국부로 추앙받는 초대 대통령 '무스타파 케말 아타튀르크' 성을 딴 아타튀르크국제공항에 안겼다. 혈맹의 나라이어서 그런지 우호적인 입국심사가 인상적이다. 친절하고 빨리빨리, 패스 패스다.

미국이나 대부분 다른 나라와 비교가 된다. 동질감의 진한 체취를 아니 느낄 수밖에 없다. 혈맹은 이래서 참 좋은 것인가 보다. 혈맹血盟-얼마나 뜨겁고 든든한 말이냐.

애초 지구는 육지와 바다가 각각 하나씩 나뉘어져 있었다. 그리고 지구를 에워싼 공중, 하늘이 있었다. 아메리카대륙과 오세아니아주가 아시아 아프리카에서 분리되고, 수에즈운하를 파기 전, 아시아 · 유럽 · 아프리카는 한 대륙이었다. 남 · 북 아메리카도 역시 파나마운하를 건설하기전은 한 대륙이었다. 나는 시방 인간이 금 그어놓고 아시아와 유럽으로 부르며 두 대륙을 잇는-유라시아 대륙의 중심이라 일컫는 좁은 해협, 이스탄불 보스포루스대교 위에 서 있다.

역마살기가 다분한 방랑자는 한 열흘간 기독교 문명과 이슬람문명을 보고 느끼며 갈등하며 고뇌하고 혼란스러워 할 것이다. 배우고 정리하여 가슴에 담을 것이다. 고대 그리스문명과 로마문명, 이슬람문명을 이해하게 될 것이다. 에게 해와 지중해에 숨어있는 수많은 신화를 낚아 건져 올릴 것이다. 역사의 현장, 에게해에서 호머의 서사시 〈오디세이〉와 〈일리아드〉를 읊고, 나나무스쿠리의 〈에게해의 진주〉도 사이렌 소리처럼 들어보자. 트로이에서 목마를 타며 역사 같지 않은 전설과 신화에 흠씬 취해보자.

권력투쟁의 각축장이었던 이 땅에서 알렉산더, 시저, 클레오파트라, 한니발의 숨결과 체취, 그들의 말발굽 소리를 들을 것이다.

예수와 베드로 요한의 신앙을 가늠할 것이며, 수니파와 목숨 위에 존재하는 과격하고 거침없는 시아파 무슬림의 맹신도 엿보아야겠다.

찬란한 문화유산이 살아 숨 쉬는 곳, 동서 문명과 고대와 현대문명이 갈등하며 조화를 이루는 곳, 신비한 제국 터키를 이해하고 사랑하자.

국부 무스타파 케말 아타튀르크를, 오리엔탈 특급으로 명성자자한 비잔티움의 역사를 배우고 콘스탄티노플을 이해하자. 이스탄불은 몸소 체험하며 부딪치자. 에페수스에서 동로마의 찬란한 문화를, 이즈미르에서 기독교의 선교를, 앙카라에서 무스타파 케말의 체취를, 파묵칼레에서 안토니우스와 클레오파트라의 연정을, 카파도키아 데린구유 지하도시에서 기독교인들의 고난을, 얽히고설킨 실타래를 풀어보자.

동서민족, 종교 간의 문명충돌과 그로 인한 파생된 문화의 충격을 온몸으로 부딪치고 느껴보자. 늙은 나이에 관광여행이 아닌 녹슨 머리가 지근거리는 수학여행, 학습여행이 될 성싶다.

2만 리 여정을 10시간 남짓 짧은 시간에 이스탄불에 발 디뎠다. 한해씩 걸려 천산북로, 천산남로 동서를 오고간 실크로드의 대상들과 차마고도를 오고간 마방들의 고통을 음미한다. 목숨 걸고 한 계절이 넘게 걸려 지구 반 바퀴를 돌아 오고간 동서양간 뱃길, 하루면 지구촌 어디에나 오갈 수 있는 오늘날 편안한 하늘 길. 항공기가 있기에 3차원의 세계에서 신비롭고 멋진 풍광을 즐길 수도 있다. 나는 오늘도 이 세상 구석구석 아름답고 기이한 풍광을 찾아 즐겁게 길 떠난다. 시공의 벽을 허물어준 항공기가 있기에, 진정 나는 마냥 행복한 미소를 짓는다.

# 역마살 인연

사람은 수천 수만 겁의 인연 속에서 얽히고설키며 살아간다. 여러 사람들과 만나고 헤어지며 교우한다. 인연은 선연이든 악연이든 필연인 것 같다. 인연의 힘은 지극히 우연적이며 인간의 권한 밖, 초자연적인 조물주 신의 영역인 것 같은 생각에 다다른다.

사람은 살면서 절대 만나지 말아야 할 사람을 만나기도 한다. 만나서 어쩔 수 없이 관계를 맺으며 살아간다. 그런 시공에서의 삶은 짜증스럽고 팍팍하며 힘이 든다. 서로 사랑하고 미워하다 차츰 애증의 골이 깊이 파이고 끝내 돌이킬 수 없는 관계까지 다다른다.

만나도 그만, 아니 만나도 그저 그만인 사람들도 있다. 그만의 독특한 색깔과 향기가 없는, 개성이 없는 그저 그런 사람들이다. 스쳐가는 사람, 인생의 소품 같은 존재들이다. 곁에 있어도 없는 듯, 그 존재 자체마저 망각하는 그림자 같은 사람들도 있다.

사랑하는 부부나 연인, 오래된 동무처럼 절대 필요한 사람들도 있다. 몇 안 되나 꼭 있어야 하고 꼭 만나야 하는 그런 사람, 그 사람이 곁에 없으면 지독한 허무와 고독을 느끼고 곧 죽을 것 같은 절박함, 우리 삶에선 고매하고 은은한 향기가 있는 꼭 필요한 그런 사람 한둘은 있어야 한다. 그로 인하여 외롭고 쓸쓸하지 않고 생의 환희와 희열을 느끼고 즐기며 보람된 삶을 살 수 있다.

"세상은 참 좁다."란 말이 실감날 때가 있다. 이 세상을 우리는 지구촌이라 부르며 살고 있다. 하기야 광활한 우주에 비교하면 지구는 한낱 미세먼지에 불과하지 않은가? 여행을 하면서 느끼는 필연 같은 우연일 때가 더러 있다. 꽤 오래전 베이징 천안문광장에서 만난 학교 후배들, 수년 전 캄보디아 씨엠립에서 만난 고향 선후배 일행. 일정이 서로 달라 회포를 풀지 못한 채 아쉽게 헤어지던 묘한 감정이 교차하던 순간들이 있었다.

이스탄불 블루모스크 주변 유명한 케밥 전문식당. 터키를 떠나며 마지막 점심을 마친 시간, 커피타임이었다. 한 무리 한국인 관광객이 식사를 하기 위해 뒤편 한쪽 테이블에 자리를 잡고 있었다. 나는 곧바로 안타뷔르크 국제공항으로 가 출국수속을 할 참이었다.

설익었으나 귀에 익은 목소리가 들려왔다. 뒤돌아보니 뒷모습 역시 낯설지 않았다. 제주에 사는 내 나이 또래 퇴직 K 교장선생 내외가 분명했다. 몇 해 전, 한 달 가까이 중남미여행을 같이했던 분들이다. LA국제공항에서 처음 만났고 며칠 지나서야 낯익어진 분들이다. 점잖은 인품과 고매한 영혼의 소유자, 지성인이셨다. 유달리 내외간 금슬이 좋아 보이던 잉꼬부부, 안데스산맥 고원에서 고산병과 치통으로 유별나게 고생한 분들이다. 기억이 또렷이 각인되어 있었다. 무척 반가웠다. 몇 마디 안부만 묻고 헤어져야 할 시간이 야속했다.

불교에서 말하는 기 막인 찰나의 인연을 이런 때를 가리켜 하는 말 같다. 이런 걸 인연이라 하는 걸까? '옷깃만 스치는 인연도 몇 백 겁 공덕의 결과물이다.' 했는데 김 교장 내외와는 전생에 대단한 인연의 끄나풀로 엮어진 필연의 인연이지 않나 싶었다. 전혀 기약 없는 어느 날, 어느 낯선 곳에서, 여행 중 바람처럼 불현듯 다시 만날지 궁금하다. 이런 우연 같지 않은 행운의 순간이 여행의 가장 멋진 매력과 묘미 중 하나이다. 역마살 인연은 참 묘한 마력을 지녔다.

# 은하철도 999-칭짱열차

약 보름간 티베트 탐사를 마치고 돌아가야 할 시간이다. 차마고도茶馬古道를 따라 버스와 지프, 말도 타고 걷기도 한 험난한 여정이었다. 돌아본 육로, 왕복 4,000여 km가 파노라마처럼 아른거린다. 동 티베트를 여행한 지 10여 년 세월이 흘렀다. 비슷하면서도 또 다른 미지의 세상 체험은 울림과 감회가 은근하나 뜨겁게 끓어올라 용솟음친다.

해발 600m 중경에서 임시정부 백범 김구 주석의 애국심을 흠모하며 시작된 여행길, 고도적응을 위해 1,800m 리장고성에서 나시족 문화를 살폈다. 호도협과 옥룡설산 메리설산 상그릴라를 따라 평균고도 4,000m, 양자강의 지류 진사강을 건너고 메콩강의 원류 란창강과 미얀마 살윈강의 상류 누장강도 건넜다. 인도 갠지스강의 양대 지류 야루짱부강과 최고도 5,600m까지 오르락내리락하기를 열흘, 긴 여정이었다. 그 옛날부터 차마고도 이 길을 몇 달씩 오갔던 마방, 마부들을 생각하니 인간의 삶에 숙연함과 경외감에 가슴 먹먹하다. 그 멀고 험난한 길을 오체투지로 라싸로 향하는 수행자들, 자전거를 타고 노숙하며 라싸 조캉사원까지 신을 숭배하는 거룩한 구도의 길, 신앙심, 불심 깊은 티베트 불교의 높은 경지를 엿보았다. 무욕의 평화스런 행복감을 보면서 지나온 짧지 않은 내 인생의 뒤안길을 돌아본다. 여러 회한이 스쳐 지나간다. 끝없이 외워대는 "옴마니 반메홈" 과 쉼 없이 돌려대는 마니차를 보며 자연스레 불심이 깊어진다. 라마승과 티베트인들의 평안한 모습에서 티베트 불교를 조금은 이해하며 내 마음에 평안과 평정을 심는다.

몇 해 전 개통되어 매스컴을 크게 달궜던 칭짱열차, 시안과 라싸를 잇는 약 2,000여㎞ 칭짱철로를 달리는 열차를 말한다. 새롭게 현대식으로 단장한 라싸 역 광장에서 유달리 고산병에 약한 조선족 가이드와 작별을 했다. 서안까지 장장 서른 세 시간, 하루 반이다. 해발고도 3,650m인 라싸에서 5,100m까지 오르내리며 700m인 서안까지 서서히 내려간다. 기차는 열다섯 량을 이끌고 기적을 울리며 플랫폼을 미끄러져 빠져나간다. 특급열차이나 우리네 옛 통일호 준급행열차에도 못 미친다. 객실과 좌석 찾기가 쉽지 않다. 우리식 고정관념에 길들여진 사고의 경직 때문이다. 고산지대를 달리기에 산소 공급 장치와 자외선 차단용 유리창, 낙뢰 방지장치가 되어있는 특급열차라 자랑을 한다. 기차는 비탈진 철길을 오르느라 헐떡거린다. 어림잡아 50km~60km에 못 미칠 것 같으나 내리막에선 100여km, 꽤 빠르다. 평균속도 약 70km/h 남짓. 천천히 달리니 차창 밖 풍경이 선연히 감상할 수 있어 좋다. 프랑스 테제베는 너무 빨라 주변풍경을 감상할 기회를 주지 않아 유감이었다.

상하이 대학에 유학한, 중국어에 능숙한 J 교수의 통역에 힘입어 같은 객실 중국의 젊은 처자들과 토론하는 유익한 시간을 가졌다. 사드 배치와 북한의 핵미사일, 남북한과 중국의 관계, 동북공정, 시진핑과 미국과의 관계, 한·미·중·일·러의 미묘한 갈등, 중국의 미래 등 국내외 정세를 화제로 이야기꽃을 피웠다. 시안대학을 졸업하고 기술고교 교사로 재직 중이라는 그녀는 활달하고 싹싹하며 예의 발랐다. 옆에 있는 그녀의 친구는 일본 유학 중인 학생이며 명랑하고 쾌활했다. 방학을 맞아 친구 가족들과 티베트 라싸 여행을 마치고 귀가 중이란다. 한국

노래도 잘 부르는 한류에 푹 빠진 젊은이들이었다. 그들의 건전한 사상과 애국심, 젊은이들의 앞날, 중국의 빈부격차 등 여러 면에서 중국의 장래는 희망적임을 절실히 느끼면서도 왠지 한쪽이 허전했다. 장예모 감독의 영화 〈붉은 수수밭〉을 논하며 동질감과 연민을 느꼈다.

고원의 초원을 한나절을 달렸다. 식당차에서 점심을 먹는 둥 마는 둥 했다. 객실과 식당은 끝과 끝, 가는 길은 비좁고 만원이며 일반승객들이 통로에 앉아있어 걸리적 거린다. 잘 씻지 않는 장족 특유의 냄새가 코를 찔러 머리가 아프다. 일반객실의 위생과 청결상태는 수준 이하 불결하였다. 그나마 우리 일행의 객실은 특실이어서 청결상태가 좀 나은 편이다.

차창가에서 해 질 녘 붉게 타는 노을을 본다. 탕구라산맥 지맥의 고원과 대평원, 설산이 시시각각 변화무쌍 비경을 연출한다. 저 멀리 설산아래 마을이 아득하고 타르쵸 와 룽따가 펄럭인다. 사원의 초르텐에선 향초 냄새가 초원에 퍼져 구름 속 하늘로 희끄무레 피어오른다. 평원엔 습지대와 실개천이 흐르고 호수의 물빛은 진 코발트색으로 하늘색보다 더 진하다. 산봉우리엔 하얀 만년설, 그 위로 시리도록 파란 하늘, 초원위엔 한가로이 노니는 가축의 무리, 들리는 소리라곤 황량한 고원의 대

평원을 휘젓는 바람소리뿐, 자연은 사진보다 그림보다 훨씬 더 아름답다. 철로 옆에는 한 무리 가젤 가족이 기차를 응시한다. 언덕 위에선 마모트가 키 발을 들고 하늘과 초원을 살핀다. 동물들이 살아가는 현장에서 인간의 삶을 반추한다. 8월 초, 한 여름인데 서늘하다. 풀 뜯던 야크, 말, 양떼들이 초원을 가로질러 호수에서 목축인 뒤 노을을 등지고 마을로 발길을 옮긴다. 평화롭다는 것이 곧 이런 풍경, 이런 느낌이지 싶다.

어둠이 내리고 산줄기도 능선도 평원도 깜깜하다. 하늘과 땅의 경계선이 희미한 실루엣이다. 달리는 차창에서 이국하늘 고원의 별을 본다. 대한민국 4대代 국새장國璽匠 M 교수와 지리산의 기氣와 국가의 운명, 남대문화재사건, 대운하 건설과 4대강 사업, 공중파 방송과 3대 사이비언론사, 국가정보원 여론조작 사건, 그로 인해 상처받고 병들고 죽어간 올바른 이 나라 지식인과 애국자의 삶, 가족의 아픔 등, 국가의 운명을 좌우하는 악랄한 패악이 청산되어야 할 LMB 정권의 전설 같고 신화 같은 만행을 토론했다. 그는 그와 그 가족이 당했던 처참한 현실 앞에서 통한의 눈물을 흘린다. 정의를 지키기 위한 타협과 굴복이 아닌 자신과의 고독한 싸움, 독한 마오타이 주를 마시며 비분강개한다. 그 무렵 발표하여 격려와 고초를 겪은 'LMB 오케

스트라'를 소개했다. 정의로운 사람끼리 함께한 티베트 하늘과 바람을 훔치러 떠난 고행길이 저문다.

칭짱철도와 나란히 고속도로 칭짱공로가 있다. 시안에서 란저우 시닝 칭하이를 거쳐 라싸에 이르는 가장 북쪽에 있는 간선도로이다. 1950년 티베트를 정벌할 때 중국 인민해방군이 침공한 정복자의 길인 셈이다. 이 길과 나란히 따라 철도가 개설 되었으니 평시엔 교통로이나 비상시엔 전쟁을 위한 군수물자 수송로이기도 한 셈이다. 1959년 달라이라마가 떠난 티베트, 60년 가까이 이웃 인도에서 머물며 고국에 돌아가지 못한다. 티베트 독립은 요원할 것 같다. 티베트 침공으로 중국을 통일한 마오저뚱의 통일정책과 현 통치자 시진핑은 결코 용납지 않을 것이다. 드넓은 땅과 자원은 국부國富의 원천이다. 인구 300만과 13억의 가치는 비교 평가가 무의미해진다. 55개 소수민족을 지배한 한족漢族, 지금 티베트는 7C 강국 토번국이 아니었다.

티베트 하늘은 손에 닿을 듯 가까우나 별은 잡히지 않는다. 간짓대만 있다면 감 따듯 주워 담겠다. 별은 수없이 쏟아져 내린다. 옥구슬 깨진 파편처럼 잘고 곱게 반짝인다. 별똥별 하나 쏜살같이 호수에 박힌다. 기차는 습지대 긴 철교를 건너다 이

내 호수 위를 지난다. 하늘의 별들이 호수 위에 휘황 찬란히 반짝인다. 열차가 하늘 위로 나는 착각에 휩싸인다. 칭짱열차는 은하철도 999다. 나는 지금 꿈 많은 소년이 되어 은하철도 999에 몸을 싣고 우주를 헤맨다.

# 기세등등 황산송黃山松

오전 일찍 비행기에 올랐다. 여객기로서는 비교적 소형이며 중단거리용으로 최고 인기종, B-737이었다. 날씨가 좋아 두 시간 반, 가는 길이 심심치 않을 것 같았다.

승객이 적어 앞쪽 창가로 자리를 옮겼다. 한 낮 날씨는 더없이 쾌청, 서해안 여러 섬들과 도시 신록의 산하를 내려다볼 수 있어 대만족이다. 목포상공과 진도 맹골수도, 기름띠로 얼룩진 세월호의 잔영을 내려다본다. 못다 핀 300여 진달래 꽃송이, 바다 위에 아른거린다. 분노에 가득 찬 가슴이 치밀어 올라 답답해 머리칼을 세운다. 추자도를 지나고 제주도 상공을 스쳐 전설의 이어도를 지난다. 상하이, 항저우 상공을 거쳐 황산에 이른다. 카메라에 아름다우면서도 슬픈 우리 국토의 영혼을 담았다.

안휘성은 한반도 면적의 약 2/3인 14만 평방km, 인구는 남북한 인구와 비슷한 7천만 명. 북위 30°에 위치한 아열대성 기후를 가진 반 산간 반 평야 지형이다.

황산의 정기를 받고 태어난 대표적인 영웅호걸로 삼국시대 오나라의 맹주 조조, 명나라를 세운 주원장, 동양의학의 세기적 명의 화타, 청백리의 표상 판관 포청천의 고향으로 잘 알려져 있으며 학문이 깊은 고장이란다.

잠자던 대륙의 큰곰, 중국은 모든 것에 발 빠르게 대처하고 있었다. 영악한 큰곰은 이제 세상사는 맛을 보았기 때문이다. 붕괴된 러시아를 제치고 일본을 따돌렸다. 이제 미국을 젖히고 넘어서려는 꿈, 차츰 현실화 되어가고 있음을 절실히 느낀다.

"황산을 보고나면 천하에 산이 보이지 않는다." "오악五嶽을 보지 않는다." 는 말이 있다. 1990년 유네스코는 황산을 세계문화유산으로 지정 했으며 중국 10대 관광지로 널리 알려진 명승이다. 세계지질공원으로 등재된 곳이기도 하다. 기송, 기암, 괴석, 운해가 묘한 조화를 이루는 명산. 오르는 길은 대나무 천국이다. 탐스런 대나무 이파리는 봉오리져 영락없는 푸른 갈대꽃이다. 팔뚝 굵기의 죽순은 하늘을 꿰뚫을 듯 치솟는다. 해발 800여m까지 대나무 숲이 수해를 이룬다. 녹색의 장원이다.

대나무 생존영역을 벗어나니 기암과 어우러진 기가 센 소나무 천지다. 부드럽고 곱고 매끈하게 잘생긴 우리나라 금강송과는 전혀 다른 느낌이다. 쭉쭉 뻗은 가지는 한 방향을 향했고 키는 작으나 몸통은 딱 벌어져 통통하다. 솔잎도 가지도 껍질도 거칠다. 금강송(미인송)이 곱고 늘씬 매끈하고 우아한 여성이라면 황산송은 야성미 넘치는 거친 투박한 남성이다. 1,500여m를 오르락내리락거리고, 수직 절벽에 기이하게 만들어놓은 잔도를 걷는다. 연못엔 꽃 잉어가 헤엄친다. 기묘한 바위, 붉은색 화강암 틈새로 소나무가 끈질긴 생명력을 자랑한다. 가파른 등산로 한편에는 날렵한 정자와 누각은 빼어난 자태를 뽐낸다. 서해대협곡 가파른 계곡의 절경에 감탄하며 오르내린다. 지리산 천왕봉에 버금가는 1,864m 주봉 연화봉은 안개로 감싸 보여주지 않는다. 1,840m 제2봉 광명정에 올랐다. 이내 구름이 에워싸 사진촬영도 허락지 않는다. 이만여 계단을 오르내린다. 영산홍이 우아한 모습으로 반긴다. 연분홍 꽃 색이 고아하다. 안개가 밀려와 능선을 덮는다. 영산홍 꽃그늘에서 홀딱벗고새

(검은등뻐꾸기)가 이상야릇한 울음소리로 산객을 유혹한다. 집 주변에서 자주 듣는 여름철새 소리다. 이곳에 밤이 오면 호랑지빠귀가 연인을 찾아, 이 봉에서 저 봉으로 애끊게 처연히 밤새워 울어줄까? 안개 속에 몸을 숨긴 아름드리 소나무 군락이 흐릿하다. 보일락 말락 반투명 옷 입은 여인네같이 섹시하다. 선경이 이려려니 싶다. 동양 산수화의 진경을 본다.

산상에 호텔이 여러 개 있다. 일출과 일몰 야경을 보려는 등산객을 위해 만들었을 것이다. 모든 물품가격은 엄청나게 비싸다. 케이블카도 있건만 제 몸무게보다 더 무거운 70~80kg 무게의 생필품을, 산 밑에서 대나무 지렛대를 이용, 받침대겸 지팡이 하나에 의존하여 오르는 짐꾼들의 창자 속 저 깊은 곳에서 내뱉는 고통에 찬 거친 숨소리가 들려온다. 등줄기로 흘러내리는 그들의 땀방울은 얼마나 쓰고 짤까? 설악산 지게꾼 임 XX씨가 떠오른다. 삶이란 결코 녹록지 않은 것, 육신의 고통보다 마음의 평안이 행복이려니 싶다.

운해 위에 떠있는 뭇 배들, 구름 아래 붉은 화강암 사이사이 서 있는 기이한 소나무, 구름바다는 바람에 몸을 맡긴 듯 쉼 없이 움직인다. 산봉우리는 배가 되어 떠난다.

북해, 서해, 천해, 구름바다 운해를 격조 있게 바다 이름을 붙여진 이유를 알만하다. 구채구 호수 이름도 바다해로 명명한 중국인들의 멋과 풍류를 유추해본다.

황산의 산신령은 나에게 한나절의 시간만 주었나 보다. 황산의 전경을 보여 주지 않았다. 절반의 황산을 보는 것으로 만족해야 했다. 헬기나 경비행기를 이용, 저공비행하며 둘러봐야 직성이 풀릴 것 같다. 등반 전 멀리서 한쪽 전경과 일부를 본 것으로 위로받자. 아쉽다. 그렇지만 어이하랴. 명산은 쉬 제 모습을 다 내보여주지 않는 것 같다. 신비롭기 위하여.

# 상생 흑·백의 조화

중국에 올 때마다 깜짝깜짝 놀란다. 정말 빠른 속도로 변하고 있음을 감지한다. 너무 눈부신 발전 속도가 빙어의 속살 보듯 환하게 보여 마냥 곱지만은 않다. 우리네 1980~90년대를 보는 것 같아 경이롭기도 하지만 한편 걱정이 앞선다. 등소평의 개방정책이후 강택민, 후진타오, 시진핑에 이르기까지 훌륭한 국가지도자들의 바른 정치, 청렴 정직을 바탕으로 국가와 인민을 위해 깨끗하고 미래지향적인 희망의 정치를 하였기 때문일 것이다.

그동안 짐이 되었던 두 문학단체장 임기를 깔끔하게 마무리

지었다. 한 단체에서는 정관을 개정 재임을 맡기려는 시도를 과감히 거절, 사양하였다. 그래서 이번 여행은 가벼운 마음으로 홀가분하게 떠나올 수 있었다. 천하의 비경이라 자랑하는 중국인들의 자존심, 황산黃山에 오르고 주변을 살피기로 했다. 두 시간 반의 비행 끝에 안휘성 한쪽 구석, 조그만 황산공항에 입국신고를 마쳤다. 몇 년 전만 하여도 상하이나 항저우 공항에서 긴 시간 버스를 이용 입성할 수 있었던 곳 황산시. 넓은 도로와 잘 정리된 화단, 높고 큰 규모의 주점(호텔), 넓은 국토에 큰 것을 제일의 가치관으로 삼는 중국인들의 속내를 투명하게 엿보면서 또다시 눈도장을 찍는다.

휘주박물관, 황산의 옛 이름이 휘주徽州다. 송 · 명 · 청대의 문화와 생활양상, 문방사우와 세공, 돌조각 문화가 발달된 모습을 볼 수 있었다. 서예에 눈뜨기 시작한 나로선 각양각체의 한자 글씨를 감상하는 즐거움 또한 기쁨으로 다가온다.

이색적인 이름을 가진 노가老街, 송나라 때부터 형성되어 명 · 청대의 건축양식을 간직한 황산시의 옛 재래시장이다. 청대 옛 거리라 불리기도 한다.

동서로 뻗은 1.3km 좁은 골목과 남북으로 뻗은 거리 폭 400여m, 2~3층 검은색 건물들이 고풍스럽다. 300년의 세월을 자랑한다. 학문의 고장답게 문방사물文房四物 가게가 주종을 이룬다. 인사동거리를 연상케 하나 2~3층 높이의 건물들이 위호, 시장골목이 자유분방치 않고 엄숙하고 무겁다. 관광객들의 수다가 시장의 흥을 돋운다. 인파에 휩쓸리는 발아래로 흐르는 수로에 조잘대며 물소리가 정겹다.

잠구민택은 명 · 청대의 가옥들이 호수를 가운데 두고 형성된 두 마을 민속촌이다. 마두정 이라는 말머리모양 지붕양식, 처마 끝이 이채롭다. 창문, 가구의 섬세한 조각공예 문양이 돋보인다.

당월패방군은 포씨鮑氏 가문에서 배출한 충신, 효자, 효부를 기리기 위하여 세운 7개의 패루가 있다. 남성중심의 유교사회에서 독특한 것은 여성의 사당이 있다는 것 이었다. 이 가문은 민주적이고 진보적인 가문이었나 보다. 인근에는 청나라 때 소금갑부인 포치원의 개인 화원花園을 깔끔하게 잘 가꾸어 놓은 정원이 있다. 분재가 주종을 이루며 소나무 대나무가 아기자기 많다. 여성적이고 어린이들이 좋아할, 사진촬영하기 썩 좋은 예쁜 정원이다.

고성암古城岩, 신안강江가 그리 높지 않은 언덕배기 큰 망루(탑)아래에 조성된 부유한 장사꾼들의 집이었단다. □자 형태를 닮은 2~3층 높이의 건물들. 직사각형, 조그만 공간으로 하늘과 소통하고, 햇볕과 바람을 쬘 수 있으며 빗물을 받을 수도 있게 건축되어 있었다. 지붕은 검은색 기와이고, 벽은 온통 흰색이다. 이 지방 안후이성 건축물, 주택들의 일반적인 특징이었다.

유네스코 세계문화유산으로 등재된 마을 홍춘, 소의 모습을 본 따 설계, 건설 조성한 마을이라 우형촌牛形村이라 부르기도 한다. 명 · 청시대의 전통 건축물 150여 채의 민가가 고풍스럽다. 매스컴에 자주 영상으로 소개 되었기에 처음이면서도 꿈길에 한번쯤은 와 본 듯 전혀 낯설지 않고 친근하다. 버드나무 숲길, 마을 앞을 흐르는 개천과 호수, 사방을 둘러싼 산줄기, 그 안에 포근히 안긴 넓은 들판과 농경지, 분지 한 쪽 구석에 자리 잡은 꽤 큰 마을. 호수를 가로지르는 예쁜 돌다리, 남호南湖 주변에서 그림 그리는 미래 화가들이 빼곡하다. 고아미高雅美가 출중한 마을 민가의 골목골목, 그사이를 흐르는 크고 작은 도랑, 이 마을을 건설한 왕씨汪氏의 남호서원과 승지당. 이야기거리가 많음 직한 마을이다. 마을 한 가운데 서 있는 두 그루 고목과 월호月湖, 세월의 풍상을 말해 주는 듯하다. 주윤발, 양자경, 장쯔이가 주연한 무협영화 〈와호장룡〉의 촬영지라서 유명세를 톡톡히 타고 있는 듯 했다. 우리나라의 양반 민속마을, 안동 하회마을이나 경주 양동마을을 떠올렸으나 전혀 다른 느낌으로 와 닿는다. 신선들이 노니는 무릉도원, 선계를 잘 그린 영락없는 대형 동양화 한 폭이다.

반세기 너머 빛바랜 국민학교 흑백 졸업사진이 실루엣 되어 나타나 사라진다. 눈 수북이 쌓인 운동장, 우중충한 겨울 날씨만큼이나 우울했던 날. 검은 기와지붕과 흰 벽의 크고 긴 본관 건물이 괴물처럼 뒤로 서있고 가운데 아름드리 큰 전나무 한 그루, 〈세한도〉 한 폭이라 해도 좋을 것 같았다. 의자와 책상을 쌓아올려 만든 계단 위로 폼 잡고 취한 포즈는 참 어설펐다. 졸업의 시원섭섭함이 만감에 교차된 듯 묘하게 일그러지고 성난 심통 얼굴, 슬픔에 휩싸이고 뭔가 속 시원한 듯 함박 웃는 동무들의 얼굴들. 남학생들은 풀 먹인 빳빳한 하얀 칼라에 검은 양복, 여학생들은 흰 저고리에 검은 치마로 한층 멋을 냈으나 왠지 어설프고 촌티가 그득하다. 그러나 흑백의 조화가 상생의 끈끈한 정으로 칭칭 엮어진 결정체였다.

중국 하면 붉은색과 황금색을 먼저 떠올린다. 중국 한족漢族이 좋아하는 색깔이다. 상하이나 베이징 등 여타 대도시는 모든 것이 화려한 빨강과  눈부신 황금색으로 치장한다.

우리는 한때 흑백논리에 심취한 적이 있었다. '죽기 아니면 살기', '자유가 아니면 죽음' 그런 식의 2분법, '흑이 아니면 백이어야 했었다. 흑도 아닌 백도 아닌 그 중간색인 회색은 절대 용납되지 않았었다. 그러나 이곳은 아니었다. 검은색 지붕은 잘 갈아진 먹물로 쓴 글씨이며 흰 벽은 잘 펼쳐진 선지宣紙였다. 새하얀 종이에 획 굵고 힘차게 쓰여진 예서隸書였다. 안휘성은 잘 그려진 한 폭의 수묵화였다. 흑黑과 백白이 오묘한 조화를 이룬 중국의 또 다른 얼굴을 오늘에야 발견한다.

지금은 흑백 시대를 뛰어넘어 자연 천연색시대다. 내 마음 속 깊은 곳에서 흑과 백이 나뉘어 다툼이 일지 않을까 바짝 긴장하며 경계한다.

# 분화구 응고롱고로Crater Ngorongoro

내 산막의 별은 작고 촘촘하나 적도의 새벽별은 크고 성글다. 박하사탕처럼 굵고 희다. 밤새워 불러주는 앵무새들의 속삭임과 에로틱한 연가에 하얗게 밤을 지새웠다. 설친 엉성한 잠 깨어 이국 고원의 신 새벽을 열었다. 동이 트려면 아직 멀다. 공기가 맑으니 하늘은 깨끗하고 투명하다. 열엿새 보름달을 에워 싼 검은 구름을 바람이 밀어낸다. 삽살개 모양의 괴상한 거목이 호텔 앞 호수에 달과 같이 떠있다. 카메라에 담는다. 동이 터 오르며 신비한 여명이 하늘을 연다. 나처럼 좋은 경관을 담으려는 부지런한 여행가, 사진작가들이 하나둘 모여든다. 분화구를 배경으로 구름인지 안개인지 구분 할 수 없는 새벽

녘, 발아래 분화구속으로 안개구름이 흐른다. 안개이면 어떻고 구름이면 어떠하랴. 멋있으면 그만인걸. 구름보담 안개 띠라면 그냥 더 좋겠다. 플래시를 터트려 몇 컷을 담는다. 동물세계에 해박한 지식을 가진 동행한 K여교수가 일찍 산책을 나왔다. 사진을 요청한다. 솜씨를 발휘 해 몇 컷을 찍어 주었다. 이른 출발이라 시간이 그리 넉넉지 않다. 일출과 월몰月沒을 동시에 본다. 나도 카메라와 폰으로 바삐 셔터를 눌렀다. 멋진 사진 한 컷을 기대하면서……. 실로 몽환적이다.

오늘은 응고롱고로 분화구로 내려가 사파리 게임을 하는 날이다. 1호차로 갈아탄다. 부산에서 온 두 부부 팀에 합류했다. 나이는 비슷하나 편치는 않다. 맨 뒷자리를 차지했다. 비탈진 꼬부랑길을 지그재그 분화구 바닥으로 내려간다. 아침 햇살을 받는 분화구의 초원은 시시각각 변화무쌍, 빛으로 인한 색의 향연이다. 안개 띠는 분화구 정상부근 호텔이 있던 능선을 에워싸 신비감을 더 돋운다. 키 큰 나무 위에선 흰 수리 한 마리가 우리 일행을 날카로운 눈초리로 응시, 감시한다. 분지에 내려와 주변 사위를 둘러본다. 산줄기로 에워싸인 또 다른 세상이 펼쳐져 있다. 망원경을 꺼내 풀숲을 살핀다. 본격적인 사파리게임이 시작되었다. 하트모양 엄청난 뿔을 자랑하는 버팔로

Buffalo-물소 떼가 아침을 연다. 개울 건너 언덕배기엔 영양의 한 종류 리드벅Reedbuck 한 떼가 우리 쪽을 바라본다. 타조 부부는 아침식사 중이라 우리를 거들떠보지도 않는다. 이곳 분화구엔 200여 종, 4만여 마리 동물들이 살고 있단다. 세계 각국에서 온 동물 애호가들의 차량이 넘쳐난다. 코스를 따라 분화구 중심에서 바깥쪽으로 원형으로 돌며 관람을 한다. 워터벅 영양이 지근거리에서 눈치를 본다. 못생긴 하이에나는 힐끔흘끔 곁눈질하며 제 갈 길을 간다. 구릉엔 노란 꽃들이 바람결에 파도를 탄다. 코끼리 가족이 언덕을 향해 느릿느릿 산책 중이다. 우리 일행은 아예 관심 밖인 듯 무심하다. 하기야 그동안 얼마나 많은 사람들이 사파리 투어를 했었을까. 노란 꽃 풀숲에서 사자 가족이 나타났다. 무리의 리더인 어미 암사자와 계층별 열다섯 마리 남짓, 태어 난지 얼마 안 되었을 성 싶은 새끼 몇 마리는 풀길을 뛰어 넘는데도 힘겨워 한다. 고양이처럼 귀엽다. 누가 아프리카 초원의 제왕이라 하겠는가. 송곳니가 무시무시한 멧돼지 가족은 부지런히 땅을 파 후빈다. 지렁이를 찾는가보다. 운전기사 겸 안내인들은 계절에 따라 동물들이 나타나는 시간과 장소를 훤히 꿰뚫고 있는 것 같다. 덩치가 비슷한 흑백무늬가 독특한 얼룩말과 뿔과 수염이 멋진 누Gnu 떼는,

동고동락을 하면서도 눈치 보며 경쟁을 한다. 대부분 서로의 약점을 보완키 위해 상생을 한단다. 개체수로 봐선 우열을 가리기 힘들 것 같다. 반 오픈카로 동물들을 찾아 초원을 누빈다. 무작정이 아닌 비포장 울퉁불퉁 정해진 탐방로를 따른다. 물이 흐르는 개울가 거목 위엔 대머리수리, 관학, 두루미 떼가 힘찬 날갯짓을 한다. 홍학은 보이지 않는다.

빅 파이브Big Five를 찾고 보는 것은 행운이다. 빅 파이브란 사냥하기 힘든 다섯 종류 사납고 큰 동물들을 일컫는 말이다. 사자Lion, 물소Buffalo, 코끼리Elephant, 표범Leopard, 흰 코뿔소White Rhinoceros 등이다. 용맹하고 빠르고 힘이 세고 눈에 잘 띄지 않는 특징이 있다. 언덕으로 오르는 길옆에 수사자 네 마리는 우리와 모든 탐방객을 아예 무시하며 거들떠보지 않는다. 오전 새참 때도 안 되었는데 누워 낮잠을 즐긴다. 어젯밤 사냥에 피로했거나 포식을 하여 배부른 모양이다. 잘생기거나 큰 덩치도 아니다. 눈곱 낀 꾀죄죄한 모습이 백수의 제왕 체면을 구긴다. 그 덕에 생생한 현장감 넘치는 사진을 촬영할 수 있었다. TV나 동물원에서만 보아왔던 동물들을 야생의 현장에서 보고 체험하기 위해 이 먼 곳까지 오지 않았는가? TV프로 〈동물의 왕국〉의 촬영지로도 잘 알려진 곳이다. 어제 정문에선 바쁜 원숭이가 처음 환영해 주었다. 토실토실 잘 먹어 피부가 윤나는 임팔라는 폴짝폴짝 잘도 뛴다. 구린내 돼지똥 냄새가 지독한 이백여 마리 정도의 하마가 한 마지기 남짓한 물웅덩이에 빼곡하다. 새들은 몸뚱이에서 먹이를 찾는다. 큰 덩치에 비해 조그만 꼬리로 몸통에 물을 뿌리며 흔드는 게 무척 앙증맞고 귀엽다. 리드벅과 큰 워터비 영양들도 풀을 뜯는다. 귀여운 톰슨가젤은 높이뛰기 경기를 한다. 너구리와 자칼도 먹이를 찾아 초원을 헤맨다. 덩치 큰 개코원숭이는 숲과 초원을 바삐 오간다. 불어오는 바람에 초원의 풀들이 드러눕는다. 치타Cheetah 한 쌍이 날카로운 눈초리로 우리 일행을 쏘아본다. 와일드비스트(누 비슷한 큰 동물)의 풍채는 당당하다. 타조의 걸음걸이는 늠름하다. 아카시나무에 조롱박 매달린 모습의 우리, 식사 중 옆으로 날아와 빵조각을 낙아 채간다. 어젯밤에 희생된 듯 동물들의 사체가 길옆에 나뒹군다. 오래된 동물들의 백골도 보인다. 호숫가 홍학은 어디로 날아갔을까 뵈지 않는다. 망원경으로 자세히 살펴야만 보인다. 아득히 먼 호수 가장자리, 자동차는 접근하지 못한다. 〈아웃오브 아프리카〉 영화의 명장면 비행하는 홍학 떼를 상상한 내가 순진한 것일까? 멀리 검은 코뿔소가 있다. 가리키나 망원경으로 겨우 볼 수 있다. 급

경사 산 능선과 분화구 밑바닥 600m를 오갈수 없어 초원의 신사 기린Giraff은 이곳에 살지 못한다 한다. 표범은 야행성이라 그런지 보이지 않는다. 흰 코뿔소도 볼 수 없다. 건기의 시작이라 잘 눈에 띄지 않는단다. 한 달 전 3월에 와야 빅 파이브를 다 볼 수 있는 행운이 있다고 한다. 아쉽지만 생생한 현장에서 여러 종의 동물들과 교감했으니 이만한 즐거움이 어디 흔하랴. 하마가 사는 깨끗한 호수 옆 그늘에서 현지식 도시락으로 점심을 때웠다. 시간절약과 한 마리라도 더 보려는 욕심이었다. 공격을 당했는지 얼룩말 한 마리는 절뚝거리며 걷지를 못한다. 밤이 되면 사자나 하이에나의 먹이가 되겠지. 큰 상처를 입은 부상당한 어린 수사자 한 마리, 야윈 모습이 측은하다. 형제인 듯 옆에서 상처를 핥아준다. 먹고 먹히고 동물들의 삶 또한 자연의 순리인 것을 …….

사파리 투어를 마치고 분화구에서 산상으로 오른다. 열대 밀림 사이로 보이는 응고롱고로의 모습은 신비롭고 숙연하다. 거대한 자연 동물원이었다. 아니 하나의 작은 독특한 세상이었다. 그들만이 살아가는 여러 종의 동물들, 사자의 초라한 모습에서 근친교배로 인해 멸종의 위기에 있다는 것을 예감할 수 있었다. 100여 마리 미만이란다. 내가 본 사자는 스무 마리 남짓.

분화구에서 산상으로 오르면서 상단에 포토 존이 있어 쉬는 줄 알았으나 그냥 내 달려 밀림이 시작된다. 분화구 전체를 사진에 담지 못한 게 못내 짜증난다. 경비행기로 한 시간쯤 비행하며 동물들을 관찰하는 착각에 빠진다. 드론의 필요성을 절감한다. 인류가 지구라는 행성에서 맨 처음 삶과 역사를 시작한 땅, 내나라 반대편 적도의 고원 분화구, 멋지고 아름답고 신비한 분화구를 평생 잊지 못할 것 같다. 가슴 깊이 차곡차곡 새긴다. 브라보! 브라비!

# 집 나온 여자 진선미眞善美

집 나온 여자들이 마냥 행복해 한다. 웃음꽃이 만발한다. 남편의 간섭에서 탈출하고 자식들로부터 해방되어 더 그런가 보다. 돈은 있겠다, 밥과 잠자리는 예약되어 있고 시간만 엮으면 되니 만사형통이다. 자유부인이 되었다. 그들은 친구 같았다. 투어 일행 중 싱글이 세 명 있다. 두 명은 서울에 살고 한 명은 가까운 인천에 살아 일주 세 번씩 회동하는 막역지우, 절친이란다. 늘 같이 생각하고 행동한다. 전생에 세쌍둥이 자매지간이었지 않나 싶다.

**집 나온 여자 진**

그동안 흘려들은 귀동냥, 서울에 살고 중류 가정에 50대 초반, 아이들 다 키우고 비교적 여유 있는 살림살이. 키 크고 볼륨 있는 몸매, 울긋불긋 팔색조다. 눈 흘림 미소가 요염하다. 화려한 변신을 꿈꾸는 늦둥이 패션모델이다. 성격이 시원시원 활달하다. 폼 잡기를 좋아하나 아직은 어설프다. 그래도 자아를 찾는 모습이 대견스럽다. 터키에 와서 클레오파트라가 되었다. 정열의 상징 빨간색일 것 같다.

**집 나온 여자 선**

곱고 음전하다. 해외 나들이는 익숙하지 않은 것 같다. 부끄럼을 타면서도 맹랑한 구석이 있어 신선한 돌출 행동을 한다. 그러나 대체로 집 나온 여자 진의 그림자 같아 보인다. 그녀에게 이끌려 다니는 편이다. 인천에 사는 짠물이라고 자기소개를 했었으나 내가 보기엔 어리수두룩한 척하는 노련한 중년 여우 같다. 그러나 사람들을 편안하게 하는 분위기 있는 청순한 여인이다. 정열을 가슴속 깊이 감추고 있는 휴화산을 닮았다. 아마 파랑색을 좋아할 것 같다.

**집 나온 여자 미**

아주 피동적인, 전형적인 한국형 주부 같다. 본색을 절대 드러내지 않는 순종의 여인이다. 집 나온 여자 진 · 선의 행동에 무조건 따른다. 줏대도 개성도 없는 듯 내색치 않는다. 무색무취, 항상 빙긋이 웃어준다. 바보처럼 보이나 속내는 있을 것이다. 미소가 예뻐 천사처럼 보인다. 그러나 찔레꽃 가시 몇 개는 지니고 살 성싶다. 수묵화 같은 몽환적 분위기, 차분한 회색을 좋아할 것이다.

관상가도 아니면서 관상을 보는 꼴이 되었다. 일정기간 같은 공간에서 같은 목적의식을 푯대 삼아, 동행하는 다른 사람들을 상상하고 관찰하며 알아가는 것 또한 여행의 기쁨이다.

# 04

# 막말잔치

4월은 정녕 잔인한 달인가? 소년시절 T.S 엘리엇은 왜 '4월은 잔인한 달'이라 말했는지, 왜 4월이 잔인한 달인지 도무지 이해할 수 없었다. 내겐 늘 4월은 마냥 싱그러운 봄날이었다.

올 해도 역시 4월은 잔인하게 수많은 희생자 유가족들에게 찾아왔다. 환갑을 앞둔 4 · 19혁명 의사들 유가족, 중년의 문턱에선 5 · 18 광주민주화운동 열사들 가족, 영문도 모른 채 통한의 두 세대를 빼앗긴 4 · 3 제주사건과 여순 사건의 무고한 희생자가족, 지난 5년 동안 침몰의 진실과 책임소재도 모르며 가슴앓이를 한 세월호 참사 가족들 모두에게 어김없이 찾아왔다.

새 정부 들어 독립유공자, 무고하게 국가를 위해 희생한 공로자에게 그동안 국가가 소홀히했던 명예회복과 권리 찾기에 힘쓰는 것은 참 다행한 일이다. 역사 바로 세우기와 잘못된 과거사 정립은 당연한 일이다. 올바르고 정의로운 역사는 결코 후세에 부끄럽지 않다.

선량한 국민들의 가슴을 후벼파온 자유한국당 전 현직 국회의원들은 막말을 분수처럼 솟구쳐 뿜어냈다. 죽은 자의 '뼈까지 발라' 정쟁의 도구로 활용하는 게 아니라면 개 짖는 소리 막말을 멈추고, 먼저 인간성을 회복 정치인 직업의 모습을 버리고 인간 본연의 모습으로 돌아오길 바란다. "자식의 죽음을 회쳐 먹고, 찜 쪄 먹고, 그것도 모자라 뼈까지 발라먹고, 진짜 징하게 해 처먹는다." 도저히 입에 담지 못할 저주 깊은 상스런 표현이다. 소름이 돋는다. 이런 말들은 개망나니도 쓰지 않는다. 이렇게 적나라한 표현은 작가들, 소설가들이 작품 속에서나 쓰는 예리하고 신랄한 문장 표현이다. 그가 어떤 집안 출생이고 어떤 교육을 받고 어떻게 국회의원이 되었는지 까발리고 싶다. 아니 뇌 검사를 하여 구조를 분석하고 치료하던가 그렇지 않으면 뇌수술을 하여야 할 것 같다. 정신병원에 입원시켜 치료하여야 마땅할 것 같다. 대한민국 최고학부 S대 출신 전

국회의원 차명진의 말이다.

그 이튿날 당 중진 정진석은 "세월호 그만 좀 우려먹으라 하세요, 징글징글해요."라고 페이스 북에 글을 올렸다. 대한민국 최고의 엘리트라고 자칭하는 국회위원들의 수준이다. 제 자식, 제 가족이 세월호 희생자라면 저렇게 뻔뻔스레 말할 수 있을까 되새겨본다. 분명 그리 막말, 말도 아닌 개 풀 뜯는 소리(犬草食音)를 하진 않았을 것이다.

세월호 참사는 재난대응 시스템의 붕괴, 정부의 총체적인 무능과 무책임을 적나라하게 보여준 표본이었다. 진상규명과 책임자 처벌을 요구하는 희생자 가족을 향해 자유한국당 의원들은 지난 5년간 막말을 서슴지 않았다. 김재원은 "세월호 특별조사위원회는 세금도둑," 김진태는 "세월호 인양을 하지 말아야 한다. 괜히 사람만 또 다친다."라고 웅변하였다. 하기야 당 대표를 지낸 홍준표나, 원내대표를 역임했던 김성태도 막말이라면 다른 어느 누구에게 뒤지지 않는 최고수준급이다. 당 대표와 원내대표가 그 정도니 구성원인 타 의원들의 막말은 가히 세계적 수준이다. 소속의원들 대부분은 막말의 달인들이다. 5·18 망언이 엊그젠데 그것도 모자라 4·16 망언 타령이니 우리나라 앞날을 걱정하지 않을 수 없다.

지난 2월 국회에서 '5 · 18 진상규명 대국민 공청회'가 열렸었다. 자유한국당 의원 이종명은 "논리적으로 5 · 18은 북한군이 개입한 폭동이었다는 것을 밝혀야 한다." 김순례는 "종북 좌파들이 5 · 18 유공자라는 이상한 괴물집단을 만들어 내 세금을 축내고 있다." 김진태는 "5 · 18 문제만큼은 우리가 결코 물러서면 안 된다."는 궤변을 늘어놓아 국회와 여야 정치권 온 나라를 벌집 쑤신 듯 시끄럽게 했었다. 뭉크의 〈절규〉를 연상하며 소름이 돋고 온몸이 떨렸다. 차라리 〈자코메티의 초상〉을 상상하는 게 낫겠다 싶었다. 차라리 달밤에 늑대 우는 소리가 더 낫겠다 싶었다. 20만 유권자 대표인 그들의 지역구나 당원, 나아가 국민을 안하무인 깔보는 처사를 더는 눈 뜨고는 못 봐주겠다. 어떤 정치적 음모와 계략이 깔 린지는 모르겠으나 너무 몰상식한 발상이고 위험한 표현이다.

당 윤리위원회에서 막말의 책임을 물어 중징계를 한다 해놓고, 이 핑계 저 핑계 차일피일 미루다 당권정지 3개월과 경고, 솜 방방이 처벌에 그쳤다. 일반 당원들에게 조차 불신을 받았다. 환골탈태 통 큰, 혁명적 변혁 없이는 당의 생존은 없을 것이다. 총선이 곧 닥아온다. 사람과 정책, 이념이 바뀌지 않고 당명만 바뀐다고 선거를 이길 순 없다. 그 조직, 그 체제, 그 사람들이 문패만 바뀐다고, 골수 당원은 모르나 국민은 동조하고 무조건 따르지 않는다. 세상은 바뀌고 있다. 반공에 의한 국가 위기의식과 그에 따른 안보정책은 색 바랜 구시대 전범典範이다. 왜 그걸 모르는가? 그걸 모르면 인공지능 슈퍼컴퓨터에 물어 봐라. 정답을 친절히 알려 줄 것이다. 제발 겸손하고 정의롭기 바란다. 당원 위에 국민 위에 군림하지 말고 부디 봉사하고 희생하는 낮은 자세로 정치하기 바란다. 이제 나쁜 짓 도둑질도 그만들 좀 하고…….

대한민국 국회의사당은 권모술수와 당리당략을 위한 막말 파티장이 아니다. 국민과 국가를 위해 보다 나은 정책과 법안을 신랄히 토론하는 신성한 정론 의결의 전당인 것이다.

오랜만에 찾은 천 리길, 온갖 상념에 젖었던 수유리 4 · 19혁명 민주화묘지 성역을 떠난다.

# 미세먼지

새봄은 늘 새로워야 하는데 마냥 우울하기만 하다. 남쪽 진도 가는 길은 꽃 천국이건만 사위는 아지랑이가 아닌 미세먼지 회색빛만 가득하다. 초겨울 첫눈 내리기 직전 날씨마냥 내 마음은 답답하고 우울하다. 명징한 날을 소원한 내 마음이 욕심일까? 생때같은 304명의 목숨을 앗아간 세월호 참사 5주기를 맞는다. 올해도 어김없이 의무처럼 원망스러운 통한의 진도(팽목)항 앞바다를 바라보고 있다. 왜 그 바다가 원망스러우랴. 사람과 사회와 정부가 미울 뿐이다.

한 해 전 세월호가 목포항 부두에 바로 선 날을 기억한다. 세월호가 바로 섰다. 배는 바다에 서야 옳은데 바다가 아닌 땅 위에 섰다. 옆으로 누워 침몰한 지 4년 한 달 만이다. 진도 앞바다 매몰찬 칠흑의 바다 속에서 3년, 목포항 부두에서 1년, 인천항과 제주항 바닷길을 가고 와야 할 세월호는 흉측한 모습으로 우리에게 나타났다. 참 얄궂다.

4년 전 온 나라와 국민들을 슬픔의 도가니로 몰아넣고 대한민국을 세계적 웃음거리 나라로 만든 세월호 침몰사고, 진달래꽃 한창이던 4년 전 오늘, 진도 앞바다 맹골수도에서 7천 톤급 큰 배가 원인도 모르게 침몰되었다. 침몰 두 시간 동안 겨우 승객의 3/1만 살아남고 300여 명의 아직 못다 핀 꽃송이들이 폭풍우에 동백꽃 지듯 허망하게 죽어갔다. 두 시간이면 백 리를 뛰어 갈 수 있는 긴 시간이다. 승선자 전원의 생명을 다 구조할 수 있는 충분한 시간이었는데 먼 산 불구경하듯 거대한 배가 가라앉는 것만 망연자실 바라봐야만 했었다. 수많은 자동차와 컨테이너 박스, 수백 톤의 화물을 함께 수장시킨 세기적 참사였다.

그해 봄은 정말 우울했다. 깊은 트라우마와 패닉 현상, 신경질적 짜증과 심장 뛰는 가슴앓이, 정부를 불신하고 무능한 대통령과 관련 참모들, 그를 선택한 국민들이 몹시 원망스러웠다.

과적하여 안전성을 낮추고 위험도를 높인 선장과 청해진 해운 선주 유병언도 미웠다. 비겁하게 도피하다 죽음으로 발견된 미스터리, 그를 무조건 옹호하는 교회의 신도들, 다 제정신이 아닌 정신이상자들이었다. 하기야 요즘 세상은 올바른 제정신으로 살아갈 수 없는 요지경 속이다.

팬티바람으로 탈출하는 선장과 선원, 동서고금 어느 역사에도 눈 씻고 찾아 볼 수 없는 희대의 코미디를 보며 분노심이 뇌출혈 직전이었다. 엉뚱한 교신으로 그 큰 배가 침몰하는데도 모르고 있던 전파통신국, 구출작전의 최선봉에 서야 할 해경의 직무유기, 소극적 대응. 관계부처 해양수산부의 무능, 정부와 청와대의 뒷북대응, 국가재난관리 시스템의 총체적 부실이었다. 인재의 견본, 원시적 해양사고의 모범답안이었다. 그나마 민간 어부들의 자애심만은 따뜻했었다.

그동안 죽어간 꽃다운 학생들과 사망자 유가족의 슬픔은 하늘을 찌르고 가슴을 후벼 파는 아픔을 겪었다. 아직도 밝혀지지 않은 진실은 아이들과 함께 진도 앞바다에 깊이 가라앉아 떠오를 줄 모른다. 세월호는 침몰이 아니라 우리 모두가 수장시킨 것이다. 수장 장면을 생생히 지켜보면서 하필이면 왜? 배 이름을 세월호라 지었을까 무척 의아스럽게 생각했었다. 일반적인 대형선박의 이름과는 낯설었기 때문이다. 지금도 풀리지 않는 우문이다. 아마 수많은 세월이 흘러도 잊을 수 없는 국가의 대참사, 민족의 대 참극으로 남아있을 '세월호' 이름이다.

국민들은 다 슬퍼하며 애도하는데 정치꾼 절반은 엄연한 세기적 참사를 부정하고 있었다.

수학여행! 얼마나 가슴 설레는 일인가. 반세기 전 중고시절 수학여행의 설렘을 더듬는다.

망연자실 가라앉는 배를 바라보며, 아비규환 선실에 갇혀 차오르는 물속에서 몸부림치다 뒤엉켜 죽어간 304명의 핏발선 두 눈과 곧추서고 산발한 아이들의 머리칼을 그려본다. "살려 달라." 숨넘어가는 외침! 영혼을 달랜다. 제주도의 이국적인 풍광을 그리며 한라산 중턱에 걸린 구름 띠, 산록을 노니는 흰 사슴과 조랑말떼, 신령스런 백록담의 전설, 성산일출봉과 우도의 아름다운 풍광, 삼방산과 유채꽃, 서귀포와 오름들을 수놓은 진달래꽃. 4년의 세월이 흘렀건만 사고를 책임지는 실체가 없는 사건, 오리무중 안개 속 봄날 아지랑이다. 아니 요즘 창궐하는 미세먼지 속이다.

팽목항 선창, 희생자를 추모하는 노란색 리본이 햇빛에 퇴색

했다. 오랜 세월 해풍에 시달려 해지고 빛바래 만신창이가 돼 펄럭이는 노란 리본을 하염없이 바라본다. 많은 생각들이 스쳐 해풍에 날려간다. 떠오르는 대로 노란 리본에 몇 자 적는다.

수학여행

세월호가 물 밖으로 나왔네.

진달래꽃 300송이는 없었네.

진도 앞바다 파도가 전하네.

백록담 꽃사슴이 되었다고~~~

선창 기억의 벽 울타리에 샛노란 리본을 달아준다. 노란 리본은 몸부림인 양 사정없이 나부낀다. 주변 추모객들의 흐느낌의 눈물이 해풍에 날려 갈매기 따라 맹골수도로 향한다.

진도를 떠나는 발걸음이 마냥 무겁다. 가슴이 울컥 메어 오른다. 언제까지 이렇게 이 나라는 갈 것인가. 나는 역사 운동가나 정의의 선동가도 아니다. 나라를 사랑하고 아끼는 정의로운 소시민 민초이다. 제주 4 · 3 민간인 학살 사건도 한 세기 가까운 70년이 흐른 뒤에야 인정받고 여순반란사건도 여순 학살사건으로 이름이 바뀌어간다. 역사는 세월호처럼 바로 세워지고 있다. 팽목항을 떠난다. 이제는 다시 찾지 않을 것이다. 혹시 어느 우울한 날 바람처럼 다시 찾으려나. 차창 밖으로 매스컴에서 보았던 수많은 얼굴들이 스쳐 지나간다. "편히 쉬어라! 좋은 세상에 다시 태어나 부디 행복하여라!" '한라산 철쭉꽃과 꽃사슴이 되었다'고 바람이 전한다. 흐드러지던 벚꽃은 지고 샛노란 개나리, 연분홍 진달래가 산야를 붉게 태운다. 진분홍 산도화  개울에 흐른다. 4월이 간다. 봄날이 깊어 간다. 연두색 이파리가 싱그럽다.

# 브라질 국치일國恥日

리우의 황혼이 황홀하다. 하오 5시 제20회 월드컵 폐막식이 시작될 무렵, 전 세계에 중계된 TV화면-코르도바 산상의 예수상이 두 팔 벌려 태양을 안고 있는 모습은-연출된 화면이지만 주황색 신비로운 황혼 풍경은 정말 장관이었다. 리우의 태양은 우승국을 알면서도 모르는 척 내려다보고 있는 것 같았다. 시상식이 성대히 치러지고 있었으나 개최국 브라질은 초상집이었다. 시상대의 '지우마 호세프' 브라질 대통령에게 노골적 야유를 보내는 브라질 관중들, 여과 없이 방송되는 걸 보며 만감이 교차되었다. 우리나라에선 상상도 못 할 일이다. 만약에 그랬다 치면 보이지 않는 그림자, 거미줄에 낚아 채여 혼

줄을 놓아 버렸을 것이다.

월드컵 중계방송 때 TV에 자주 비치는 코르도바 산상 예수상 앞에서 내려다 본 리우데 자네이루 시가지의 아름다운 모습은 환상 그 이상, 몽환적이었다. 코파카바나해변, 슈가로프산상, 그곳에서 내려다본 월드컵 결승전 경기가 치러질 세계 최대최고의 마라카낭 축구경기장 모습이 눈에 아른거렸다.

2014년 7월 8일 18시 30분은 브라질 2억 국민은 영원히 잊을 수 없는 순간이었을 것이다. 축구가 있어 행복하고 열광하며 축구에 미쳐 죽고 사는 것쯤 아무렇지도 않은 정열적인 다인종 다혈질 국민들, 축구 종주국 잉글랜드쯤 콧방귀를 뀌며 대수롭지 않게 무시하는 콧대 센 브라질 국민. '줄리메 컵'을 영원히 소유한 나라, 월드컵 5회 최다 우승국, 축구황제 펠레가 있고 월드컵 최대 골 보유자 호나우두가 있어 행복한 나라. 축구에 관한 한, 그 어떤 찬사의 수식어가 필요 없는 유일한 나라, 이번 대회에도 대부분 전문가들은 노란색 유니폼 브라질의 우승을 점치고 있었다. 열렬한 축구 팬인 나 역시 여러 요인과 자료를 수집, 냉철한 분석을 통해 브라질 우승을 점치고 있었다. 이변이 많은 축구에선 개최국의 프리미엄이 다른 어느 종목보다 절대적인 게 가장 큰 이유였다.

월드컵 우승 3회, 브라질 이탈리아에 이어 다승순위 3위 전차군단 독일. 분데스리가 프로축구클럽이 활성화 된나라, 숱한 스타플레이어를 보유하고 스포츠과학이 발전된 스포츠 강국. 조직력과 체력 기술 여러모로 나무랄 데 없는 우승후보국 중 하나였다.

좌절과 치욕스런 굴욕의 시간이었다. 세계 70억 인구 누구 하나도 예상치 못한, 아니 예기치 않은 대참사이었기 때문이었다. 브라질의 침몰, 세월호 참사에 버금가는 충격이었다.

브라질 최고 골잡이 네이마르는 부상, 주장이며 최고 수비수 실바는 경고누적으로 결장의 원인도 간과할 수는 없었다. 전반전 스코어 5:0, 거짓말 같은 기록이었다. 월드컵 신기록이 탄생되는 순간, 특히 전반 중반 6분 사이 4골을 헌납하는 청천병력, 저주 아닌 기적 같은 신의 심판이 내려지고 있었다. 전열을 다듬은 후반전, 경기내용이 조금 나아졌으나 불가항력 내리 두 골을 잃었다. 7:0. 게임 종료 7분을 남기고 마지막 자존심 오스카 선수가 한 골 만회, 굴욕의 0패를 모면했다. 축구에서 스코어 7:1과 7:0은 하늘과 땅 차이다. 첫 골을 내주고 곧바로 수비를 강화, 작전을 바꾸었어야 하는 명장 스콜라니 감독은 12 · 12사태 시 별 4개 육군대장 J 계엄사령관이 일등병 졸장으로 강등하는 꼴이 되었다. 실책을 반복하며 허둥대다 초토화 된 브라질, 개인기 출중한 세계 최고급 선수들은 축구역사에 치욕스런 굴욕의 주인공으로 영원히 기록된 것이다. 최강팀과 최약팀의 경기도 아닌, 세계 축구의 쌍벽을 이루는 최강팀의 대결 스코어. 마법의 스코어였다. 신은 분노했고 신의 경지에 오른 브라질 축구를 시샘했을까? 아니면 오만함을 심판했을까?

브라질 국민은 월드컵 준결승전 참패로 걷잡을 수 없는 비애에 젖었다. 그 슬픔과 굴욕이 분노로 변하여 동시 다발적으로 전국에 폭동으로 타 올랐다. 불행하게도 호나우두가 가지고 있던 월드컵 최다 골 기록을 상대팀 클로제에게 넘겨주었다. 최다 골 차 참패, 주최대륙 우승기록의 좌절, 자국에서 개최된 대회 무승 등, 여러 기록을 달성하는데 원인제공을 한 주인공이 되었다. 통한의 90분 패배, 한 게임으로 독일은 브라질이 가지고 있던 수많은 세계 축구기록을 갈아치우고 어부지리 신기록 보유국이 되었다.

7월 13일, 준결승전이 브라질의 안방인 수도 브라질리아에서 열렸다. 지난 대회부터 두각을 나타낸 골잡이 로벤과 반 페르시가 있어 잘 준비된 팀 네덜란드. 기죽은 브라질은 졸전 끝에 3:0 참패, 안방에서 치욕스런 수모를 또 당했다. 브라질 2억 축구팬들의 간절한 염원에도 불구하고……. 단 두 게임에 10골을 내주고 1골을 얻었다. 혼신을 다한 골키퍼의 선전은 빛을 바랬다. 이미 구멍 난 수비벽을 어이 막으랴. 브라질은 또 초상집이 되었다.

불행한 줄초상이었다. 치욕과 굴욕이란 말의 진정한 의미를 되새김질하며 맛보았을 것이다.

축구엔 영원한 강자도 약자도 없는 것일까? 월드컵 공인구 '브라주카'는 정말 둥근 것일까? TV에서 비애에 젖어 상심하고 통곡하는 브라질 청소년들의 울음과 국민들의 소리 없는 눈물을 본다. 이기고 지는 것이 별 게 아닐지언정 축구의 나라 브라질의 패배는 전쟁의 패배보다 더 큰 자존심의 상처다. 7월 8일은 브라질의 국상國喪이며 국치일國恥日이다.

# 골프 판처럼 행복했으면

패러글라이더가 태극기를 펄럭이며 에비앙골프장 18번홀, 시상식장에 살포시 내려앉았다. 태극기는 세계신기록 우승자 전인지의 몸을 감쌌다. 마지막 스코어보드엔 온통 태극기였다. 10위 안에 전인지를 필두로 유소연, 박성현, 김세영, 김인경 등 다섯 낭자의 이름이 반짝거렸다. 우승, 공동 준우승, 5위, 6위. 자랑스럽고 감격적이다. 5위안엔 4위를 한 중국의 펑산샨을 제외하면 4명이 태극낭자들이었다. 며칠 전 18일, 우리고장 출신 스물두 살 어린 전인지 선수가 경주 지진의 공포로 불안해하는 국민들에게 큰 기쁨을 주었다. 올해 마지막 미국 LPGA(여자프로골프협회) 메이저 대회, 알프스 자락 프랑스의 휴양지 에비앙 레벨에서 단연 압도적인 스코어, 71홀 최소타 263타, 최대 언더파 −21로 우승컵을 안았다. 이는 PGA(미국 남자 프로골프협회), LPGA 역사상 메이저 대회신기록이었기에 더욱 값진 것 이었다. 새로운 골프 역사를 쓴 것이다. 또한 신인왕도 따 놓은 당상이다. 생애 첫 우승과 두 번째 우승을 메이저로 장식한 선수는 이제껏 단 두 명, 그 주인공은 우리나리의 박세리와 전인지선수이다. 하기야 전인지 선수는 작년 한 · 미 · 일 3개국의 최고대회를 석권하여 세상을 놀라게 했었다. 박세리, 박인비가 그랬듯 신화창조의 신호탄을 알프스 하늘 위로 높이 쏘아 올렸다.

한국 여성들은 세계 최고다. 대체적으로 모든 면에서 뛰어나다. 공부면 공부, 예능이면 예능, 운동이면 운동, 못 하는 게 없다. 미모 역시 출중하여 세계인의 부러움을 받는다.

116년 만에 부활된 리우올림픽의 골프경기, 우리 여자 골프는 세계 최다 박인비, 김세영, 전인지, 양희영 등 4명이 출전하였다. 세계랭킹 10위 안에 들면서도 올림픽 출전을 못 하는 선수를 가진 유일한 나라는 대한민국밖에 없다. 박인비 선수는 부상과 슬럼프에도 불구하고 투혼을 발휘 올림픽 우승의 영광을 안으며 골프역사를 다시 쓴 주인공이 되었다. 나머지 출전

선수들도 고루 좋은 성적으로 상위에 랭크되었었다. 세계 랭킹 1위이며 올림픽을 준우승한 뉴질랜드의 리디아 고(고보경) 역시 우리 한민족이다. 그런 천재적 소질을 가진 선수는 우리나라에서 골프 하기 힘들어 고향 제주도와 조국 대한민국을 등지고, 여건이 좋은 뉴질랜드로 이민을 갔다. 우리나라의 가슴 아픈 오늘의 현실이다. 세계랭킹 50위 이내의 절반이 한국계이니 다시 말해 무엇하랴. 호주의 이민지선수, 미국에서 활약하는 미셸 위를 비롯한 유명선수들이 즐비하다. 수년전 미국 여자프로골프협회에서 한국인의 우승을 저지하고 상금 유출을 막기 위하여, 영어로 인터뷰를 못 하는 선수들에게 출전 자격을 박탈하려는 사건이 시도된 적이 있었다. 웃지 못 할 난센스 다. 오죽했으면 그러했으랴 싶다.

구옥희-고우순-김미현-박세리로 이어진 한국여자프로골프는 박세리가 활짝 꽃피우고 수많은 스타들이 명멸했다. 차세대를 이을 어린 선수들이 기라성 같다. 전인지를 필두로 김세영, 김효주, 박성현, 장하나 등 헤아릴 수 없다. 한 시절 화려했던 최나연, 신지애, 유소연, 이미림, 양희영 등은 지는 별 같다. 우리 여자 선수들은 일본여자골프를 평정한지도 꽤 오래되었었다.

1998년 외환위기 때 고통 속을 헤매던 국민들에게 맨발의 투혼을 발휘, US 오픈 우승으로 희망과 행복을 안겨준 박세리, 지난 8월, 무더위와 실종된 민주주의, 오만과 독선으로 치닫는 청와대와 정부, 불안한 경제와 국방, 썩어 곪아터진 검찰과 사법부, 총체적 위기에 처한 대한민국의 민낯을 보며 짜증난 국민들에게, 남미 리우에서 부상투혼을 불사르며 여자골프 금메달을 안겨준 박인비의 선물을 우리는 잊지 못한다. 올림픽만 열리면 우리 태극낭자들은 양궁으로 국민들을 열광시켰다. 어린 여자선수들은 우리 국민들이 힘들어 절망할 때 희망과 용기를 주었다. 그래서 온갖 시름을 잊고 더욱 행복했고 용기를 얻었었다. 절망을 잊고 힘을 얻었다.

전인지 선수의 우승이 확실시 되자 제1인자 리디아 고를 비롯하여 핸더슨, 펑산샨, 주타누간, 김세영, 김인경, 유소연 등 경쟁자들은 하나가되어 샴페인으로 축하 세레머니를 준비하고 있었다, 경기가 끝남과 동시에 진정으로 격려해주는 모습은 감격적이었다. 여자들, 특히 어린 선수들의 마음은 상대와 라이벌에 대한 시기와 질투심 같은 묘한 심리적 작용에도 불구하고, 캐디까지 격려해주는 그들의 모습에서 화합과 상생의 진정한 모습을 볼 수 있었다. 그들은 나이어린 시샘 많은 경쟁자이기 이전, 골프를 사랑하고 즐기는 신세대 성숙한 동반자였다.

우리 사는 세상도 정치판도 이렇게 골프 판처럼 화목하고 따뜻했으면 좋겠다. 우리 젊은이들이 자기가 하고 싶은 일을 하면서 행복해 하고, 좋은 일자리에서 꿈을 키워 이루는 세상이었으면 좋겠다. 특히 젊은이들이 우리나라를 강하고 행복한 나라를 만들었으면 더 좋겠다. 젊은이들이 자살하지 않는 대한민국이 되었으면 더더욱 좋겠다. 그런 사회를 만들어야하는 정치권과 기성세대의 책임을 통감하며 깊이 참회하고 고뇌하며 성찰하는 이 가을이 되기를 간구한다.

# 러시아의 작은 영웅 빅토르 안Victor An

나는 자칭 스포츠 마니아다. 요즘 밤낮이 뒤바뀐 채 제22회 소치 동계올림픽에 푹 빠져 허우적거리고 있다. 2002년 한·일 월드컵대회 땐 아픈 허리 때문에 목발에 몸을 의지하며 전국 경기장을 돌며 관람한 기억이 생생하다. 값비싼 입장권을 구입하고 휴가를 냈었다.

동계올림픽 개막 전부터 불운한 예감이 감지되고 있었다. 근래 우리 빙상경기의 주목을 받는 여자피겨선수 김연아, 스피드스케이팅의 이상화, 모태범, 이승훈 등 4명에게 스포트라이트가 집중되고 있었다. 쇼트트랙의 최강국인데도 쇼트트랙 선수들에겐 매스컴에서 홀대하는 느낌이었다. 목표는 금메달 4개

이상, 종합순위 10위 이내. 종전 동계 올림픽대회 때보다 구체적이지 못하고 목표치가 낮아 '무슨 변고가 있구나!' 미루어 짐작하고 있었다.

어젯밤 불행하게도 우리나라 쇼트트랙이 침몰하고 있는 모습을 생생하게 지켜보고 있었다. 부딪치고 넘어지고 반복되는 레이스, 왜 작전을 바꾸지 않고 매번 뒤따라 달리다 추월하는 작전만 시종일관 고수하는지 답답하기만 하였다. 코치진이 어련히 알아서 하겠지만 결과는 굴욕의 참패였다. 운동경기란 지는 해가 있으면 뜨는 해가 있듯이, 비운의 스타가 있으면 그에 대신하여 어부지리 행운의 스타가 탄생하기도 한다. 어느 대회보다 이변이 다수 속출하였다. 흑해 연안 휴양도시 소치의 따뜻한 날씨 탓에 연약해진 빙질의 탓 등 여러 요인이 있겠으나, 주최국 러시아를 제외하곤 참가국 대부분 비슷한 여건 속에 경기가 치러진다.

빅토르 안 선수가 월등한 기량으로 1,000m를 우승한 뒤 경기장 차디찬 빙판에 엎드려 감격의 눈물을 흘릴 때, 러시아 국기를 들고 세러머니를 할 때는 만감이 교차 하였다.

우리나라는 노메달. 태극기가 게양되었다면 얼마나 감격스러울까? 동계올림픽 쇼트트랙 부문 최초의 금메달과 동메달을 러시아에 선사한 그는 푸틴 러시아 대통령으로부터 영웅의 칭호를 받으며 비운의 스타로 거듭났다. 앞으로 몇 개나 더 많은 메달을 제2의 조국 러시아에 바칠까? 부러움 뒤에 은근히 부아가 치민다. 왜 한국의 안현수가 러시아의 빅토르 안이 되었을까? 일부를 제외한 대다수 국민들은 의아해 한다. 빙상협회의 파벌싸움과 갈등, 대한체육회의 부정부패와 일관성 없는 업무처리, 문화체육부의 소신 없는 정책이 불행한 결과를 가져왔었다. 그런 갈등 속에 허둥대며 선수들의 깊은 상처를 받고 아파했었다. 3년 전 그런 사실은 감추고 러시아로 귀화한 사실만을 매스컴은 매국노라 폄하하며 짧게 보도했었다.

약관 안현수 선수는 2006년 토리노 동계 올림픽에서 3개의 금메달과 1개의 동메달을 제1의 조국, 대한민국에 바쳤다. 세계 7위를 달성하는데 최고 수훈자였다. 그는 각종 국제대회에서 46개의 금메달을 조국에 바친 작은 영웅이었다. 그러나 그의 조국 대한민국은 처참하게 짓밟아 버렸고 부패한 스포츠계의 희생양이 되었다. 미국이나 선진 유럽을 택할 수도 있었겠지만, 굳이 한때 우리의 적이었던 러시아를 택한 이유는 뭘까? 곰곰이 곱씹어 봐야 할 일이다. 우리 한민족은 정이 많은 민족이기에 혈연, 지연, 학연에 집착함이 어느 민족보다 강한 민족이다. 그러나 그것은 때로 우리에게 부메랑이 되어 큰 화를 불러오기도 한다.

오래전 40대 중반, 해외여행을 하면서 내 나라가 싫고 정권이, 정부가 하는 일들이 하도 가소로워 이민을 심각하게 고민한 시절이 있었다. 우리나라는 영재교육 시설이 빈약하다. 각 방면에서 두각을 나타내기 까지는 본인과 가족의 희생이 뒤 따른다. 어느 경지에 오르면 창피하게도 그제야 대한의 아들딸이라며 국가가 야단법석을 떤다. 잘못된 교육정책, 나라를 병들게 하는 고질적이고 암적인 망국의 병폐이다. 학연, 지연, 혈연, 아무리 문화적 유산이라 하지만 스포츠에선 절대 배제되어야 한다.

스포츠맨십이 무엇 인가? 정정당당이다. 스포츠 스타는 일당천의 외교관 이상이다.

모든 일에 과정도 중요하지만 스포츠에선 결과를 더 중시한다. 소 잃고 외양간 고치는 격의 어리석은 일은 절대 있어서는 안 되겠다. 러시아를 제2조국으로 선택한 안현수 선수를 다시 품으려는 것은 안 선수에 대한 모독이다. 빅토르 안이 다시 안현수는 될 수 없다. 되어선 안 된다. 이번 일을 한국 스포츠 발전에 반면교사로 삼아야 할 것이다. 조국을 버린 아픔을 이기고 상처를 잘 치유하여 대성을 빈다. 가슴이 먹먹하다.

# 한국축구 한국정치

나는 4년마다 심한 열병을 앓는다. 월드컵이 열리기 때문이다. 2002년 한 · 일 월드컵경기 때에는 값비싼 입장권을 구입, 휴가를 내 가면서 주요경기를 관람하였다. 주요경기장면과 각국 대표 선수, 세계적 스타들을 촬영하였다. 자칭 축구광이기 때문이리라.

지난 한 달간 월드컵 축구경기 시청으로 비몽사몽 짧은 여름밤 뜬눈으로 지새웠다.

주최국 브라질을 제외한 4년간 지역 예선을 거친 31개국, FIFA 순위에 관계없이 천신만고 끝에 우리나라 축구 대표 팀은 출전하게 되었다. 아시아 대표 3개국에 끼어 8회 연속 지역

예선을 통과하는 쾌거를 이루었다. 그러나 그동안 평가전을 치루며 살얼음 위를 걷는 불안의 연속이었다.

2002년 축구계의 병폐를 과감히 수술, 유능한 거스 히딩크 감독을 영입, 박지성 같은 젊고 유능한 선수들을 선발, 훈련하여 사상 최초로 4강에 오르는 영광의 순간도 있었다.

우리나라 100년 축구사에 길이 빛날 금자탑을 이루었다. 터키와의 3~4위전에서는 H선수의 중대한 실수, 전반전 시작 휘슬이 울리자마자 안일한 백패스 하나만 없었더라면 3위를 차지했을 것이다. 그러나 매스컴은 4위에 들 뜬 나머지 H선수의 중대한 패스미스로 인한 실점 패배, 너그럽게 묻지 않고 덮어두는 미덕을 발휘했었다.

2010 남아공 월드컵에서 허정무감독은 원정 16강을 최초로 달성했었다. 재작년 런던 올림픽 축구경기에서 홍명보 감독이 이끄는 어린 대표 팀이 최초로 동메달을 획득했었다. 그래서 인진 몰라도 월드컵 대표 팀 감독을 맞았다. 그동안 J, C, H 3명의 감독 교체가 이루어져 불안 했었다. 어쩐지 어설프고 성글었던 대표 팀을 본선에 올려놓은 최강희 현 전북 현대감독의 공이 컸음은 두말할 나위 없었다. 대표 팀 감독 적임자이었으나 본인은 한사코 고사했었다. 대표 팀 감독을 H감독으로 교체

한 것은 축구협회의 과실로 크나큰 실수가 아닐 수 없었다. 파벌, 원칙, 정당성에 축구협회는 결코 자유스러울 수 없었다. 축구 전문가나 관심 있는 축구팬들은 월드컵 실패와 자멸을 예견했었다. H감독은 훌륭한 국가대표선수이었으나 유능한 감독은 아니었다. 아직 검증되지 않은 초보였기 때문이다. 올림픽 3위 달성은 분명 큰 업적이고 성취였다. 그러나 월드컵과 올림픽은 차원이 다른 하늘과 땅이다. 감독과 선수가 잘 했다기보다 각국에서 엘리트 선수들이 출전치 않는 올림픽, B급 국가대표팀인 것이다. 그저 실력보다 운이 좋았을 뿐이라는 게 맞는 말일 것이다.

제20회 2014 브라질 월드컵이 막을 내렸다. 숱한 기록과 화젯거리를 남기고 역사의 한 페이지를 장식했다. 지난 3월, 6·4지방선거에 자유롭고자 결코 정의롭지 못한 내 나라를 잠시 떠나고 싶었다. 삼바축제가 한창인 브라질 리우와 이과수 등 주변 몇 몇 나라들을 다녀왔다. 애당초 브라질 월드컵에 초점을 맞추었었으나 일정을 앞당긴 것이 결과적으로 화가 된 셈이었다. 귀국하자마자 진도 앞바다, 이름도 무시무시한 맹골수도猛骨水道에서 도무지 이해할 수 없는 〈세월호〉 침몰사고가 일어났다. 환희에 차 행복해야 할 봄날 내내, 나는 우울하게 처참히 절망의 늪에서 허우적거리고 있었다. 아무것도 하지 못하고 그저 귀신에 홀려 넋 나간 사람이 되었다. 두문불출 산막을 굳게 지키는 산지기 임무에 충실했었다. 그나마 한 가닥 실오라기 같은 위안은, 세계 70억 인구가 열광하는 월드컵이 한 달간 지구를 들끓게 하기 때문이었다. 그 열기에 파묻혀 정말 말도 안 되는 세월호 참극을 잊고 싶었다.

패인을 조목조목 열거 하자면 한 페이지 분량도 넘을 것이다. 말 그대로 엉망진창이었다. 기본에 멀어져 있었고 원칙이 실종된 팀, 총체적 부실을 고루 갖춘 팀, 그런 팀이 대한민국 월드컵 국가대표 팀이었다. 임기응변, 순간 대응능력, 전략 전술의 부재, 때 늦은 상황판단과 전환, 축구협회와 감독을 비롯한 코칭스태프의 무능이 적나라하게 표출된 아쉬움의 연속이었다. 기본준비가 안 됐다는 것은 원칙을 지키지 않음과 같다. 최선을 다 한다 함은 모든 일에 지극한 정성을 다했다는 것일 터이다. 성심을 다하지 않고 좋은 결과를 바란다는 것은 자신에 대한 파렴치다. '지성이면 감천'이란 지극히 평범한 말이 뇌리에서 떠나지 않고 자꾸 맴돌았다. 만반의 준비가 없는 자에겐 하나님은 결코 승리의 행운을 맛보여주지 않는가 보다. 단체경기란 개인경기가 아님을 망각한 경기운영이었다. 출중한 능력을 보유한 개개인 선수들의 기량을 극대화시키는 게 승리의 요인이다. 23명 선수들 중 선발된 포지션 별 11명과 감독 코치진이 최고의 기량이 발휘되어 경기에 임하여야 한다. 최선을 다하고 약간의 운도 따라야 좋은 결실을 맺는다.

세월호의 슬픔과 분노를 브라질 소년소녀들의 눈물에서 본다. 애간장 끊는 아픔이 자닝하다. 대한민국의 축구의 참패는 세월호의 어처구니없는 침몰에 버금가는 충격이었다. 영혼 없는 축구, 기가 없는 축구. 정신력이 실종된 축구, 뒷걸음치는 한국축구를 보며 짜증스러웠다. 6 · 4 지방선거의 후유증으로 정치적으로 어수선하고 세월호 침몰로 실의에 가득 차 침울한, 그로 인해 공황상태인 국민정서에 희망과 위안을 주었더라면 H감독은 영웅이 될 수 있는 절호의 기회를 놓쳤다. 16강 아니 그가 목표한 허무맹랑한 8강을 이루었더라면, 신분이 수직상승되어 거인의 경지에 이르렀을지도 모른다. 자신 없었으면 겸손하게 그만두어야 했었다. 8강은 한낱 망상 속 허욕이었다. 월드컵 본선에 탈락한 팀들과 평가전에서 연속 참패의 수모를 당하면서 어떻게 그런 야무지고 허황된 오만한 꿈을 꾸었을까? 그러나 결과는 꿈이 아닌 현실이었다. 매스컴도 큰 오판을 하는 데 일조한 일등공신들이었다.

예선 리그 2차전, 1승의 제물로 삼겠다며 호언장담을 했던 아프리카의 만만찮은 알제리. 그러나 결과는 대한민국 축구사에 굴욕의 큰 생채기를 안겨준 상대팀이 되었다. 맥없이 한 골 잃고 바로 작전을 바꾸어야 했었다. 짧은 순간 내리 두 골을 허용, 전반 3:0. 후반전 뒤늦은 총공세, 4:2. 서너 선수만 분전했지 남은 선수들은 화면에 보이지도 않았다. 감독의 작전이 무엇인지, 코칭스태프는 무슨 구상을 했는지 도무지 이해할 수 없었다. 선수들은 내 집이 활활 불타고 있는데 불은 안 끄고 바보마냥 멍하니 불구경하는 꼴이었다.

각국 감독들의 절묘한 선수교체로 득점과 연결, 승리하는 묘수가 부러웠다. 러시아와 1차전 역시 승리할 수 있는 경기를 비기고 말았다. H조 최하위 1무 2패, 골득실 +3, −6, 초라한 성적표는 32개국 중 27위, 4년간 쌓은 공든 탑이 와르르 무너지는 순간이었다.

짧은 여름밤을 설치며 64경기, 전 경기를 시청 관전하면서 행복했었다. 아시아의 축구의 몰락, 유럽과 남미축구의 건재, 제자리를 지킨 아프리카, 변환된 빠른 역습, 공격축구, 많이 뛰는 유럽축구, 뛰어난 개인기를 앞세운 중남미축구, 아시아 축구는 무색무취였다.

성실하고 부지런히 뛴 팀, 전략이 다양한 팀, 조직력이 응집된 팀, 정신무장이 잘 된 팀, 정보에 밝은 팀이 승리를 거머쥐었다. 예선리그 8개조 32팀 가운데, 각 조 1위 팀만이 16강에 오른 사실을 우리는 기록해야 한다. 비굴하게도 세월호 침몰 참사에 누구도 책임지지 않은 것처럼, 축구협회 회장도 감독도 참패를 책임지지 않았다. 성적이 좋지 않은 외국 몇 몇 나라는 월드컵이 진행 중인데도 협회장, 감독이 스스로 사임하는 모범을 보이기도 했다. 반면교사로 삼아 4년 뒤 러시아 월드컵에선 발전 진화된 모습을 보여줘야 할 것이다.

세계 축구는 쉼 없이 진화하고 있었다. 특별한 준비 없이 안일한 대처를 한 아시아 축구, 특히 우리나라 축구의 몰락을 보며 씁쓸하다. 스페인과 브라질은 역시 덜 준비된 팀이었다.

월드컵과 올림픽은 비교 그 자체가 어리석음이다. 별들의 전쟁, 세계 최고 프로스포츠 축구선수들의 경연장이기 때문이다. 하루 빨리 새로운 굳센 각오로 모스크바 다음 대회를 준비하여야 한다. 오늘의 수모와 치욕의 굴레를 벗으려면 과감히 변해야 한다. 다 버리고 살이 녹고 뼈가 으깨지는 아픔을 감내하여야 한다. 그리고 그 인고의 세월을 진정 사랑하고 즐겨야 할 것이다.

왠지 월드컵축구대표팀이 요즘 정치판마냥 자꾸 뒷걸음치는 것이 영 개운치 않다.

# 노랑머리 하양머리 꺼멍머리

그녀는 뜨거운 눈물을 흘렸다. 전 세계로 생중계되는 방송에서 본 모습이다. 한 주전 그 밝고 환한 미소는 어디로 갔기에 저리 회한의 슬픔을 표출할까? 늘 고아한 미소와 깍듯이 예의 바른 행동을 하는 젊은이어서 더욱 의아했다. 우리나라에서 열리는 유일한 LPGA 대회, 2018 H은행 컵 대회를 깔끔하게 우승한 뒤 미국 골프채널 전문방송 앵커와 인터뷰 장면이었다. 어린 여자선수이고 그동안 우승에 목말랐기에 벅찬 감회가 남달랐을 것 같다.

지난 주, 제3회 인터내셔널 크라운 컵 대회가 최초로 한국에서 열렸었다. 세계 골프강국 8개국 각국에서 선발된 4명, 총 32명의 선수가 참가하는 올림픽 상위급 대회다. 한국은 여자 골프 최강국이면서도 1~2회 대회 우승을 놓쳤기에 이번 우승에 목말라 했었다. 세계 랭킹 1위 박성현을 비롯하여 4위 유소연, 10위 김인경, 27위 전인지 등 호화선수가 톱시드를 배정받아 출전하여 우승하였다. 우승 1등공신은 단연 4전 4승을 한 전인지 선수였다. 최근 우승기록이 없어 세계랭킹은 4명 중 제일 낮으나 한때는 세계 4위였고 선발당시 랭킹은 16위 이였다.

우리나라 여성들이 뛰어나 세계 최고인 것들이 몇 있다. 그 중에 으뜸인 게 골프와 양궁, 쇼트트랙일 것이다. 최근 수년간 우리 한민족은 골프계와 양궁계를 평정하고 있다. 수많은 스타를 배출하여 국위선양은 물론 부정부패로 썩어 문들어 빠진 정치판에 절망한 국민들의 마음에 신선한 자긍심과 용기를 불어넣어 주었다. 여자 골프 선수로 은퇴한 박세리, 김미현 선수와 현역인 신지애, 박인비, 유소연, 박성현, 전인지를 비롯하여 30여 명의 기라성들이 미국과 일본에서 활약하고 있다. 국내에서 활약하는 선수들 실력 또한 세계 정상급들이다. 외국에서는 한국을 골프천국이라며 부러워한다고 한다.

한국계 외국인선수도 10여 명 지구촌 구석구석에서 이름을 날리고 있다. 그중에 미셸 위, 리디아 고, 이민지 선수가 대표적인 선수들이다.

국가대항 별 크라운 컵 여자골프대회는 남자 PGA 미국과 유럽연합의 대륙간컵에 맞서 열리는 큰 대회다. 참가국은 지난 7월 선정 발표된 골프 상위국 8개국이다. 유명 상위 랭커 선수를 보유하고도 출전 자격을 가진 4명 선수가 없어 스페인, 프랑스, 뉴질랜드, 캐나다, 중국 등은 출전할 수가 없었다. 여자골프강국 대한민국은 선수가 차고 넘쳤다. 세계랭킹 1위인 우리나라를 비롯하여 미국, 잉글랜드, 오스트레일리아, 스웨덴, 태국, 일본, 대만 등 8개국이었다.

출전선수 32명 가운데 한국계는 호주의 이민지 오수현 미국의 미셸 위 등 3명, 한국계가 7명이나 되었다. 선수 부족으로 출전 못한 뉴질랜드의 천재소녀 리디아 고 선수는 10대 후반부터 1년 넘게 세계1위 자리를 지킨 골프계의 신데렐라이다.

골프처럼 어려운 스포츠도 없다 한다. 4일간의 불꽃 튀기는 경기, 그것은 침묵의 고행이며 묵언의 전쟁이다. 고독한 자기

자신과의 싸움이며 팬과 관중 매스컴과의 싸움이기 때문이다. 골프의 인기는 개인경기 가운데 단연 으뜸이다.

하나은행 LPGA 골프경기 내내 눈길을 사로잡은 것은 세계 1~2위 박성현과 태국의 히로인 에리아 쭈타누간 메이저 퀸 전인지 선수였고, 한국계 미셀 위 리디아 고 이민지 선수였다.

나는 전인지의 팬이다. 두 해 동안 우승 문턱에서 탈락, 준우승만 6번이나 했기에 안타까웠다. 어성 골퍼들은 대체적으로 미모가 뛰어나다. 그중에서도 출중한 미모와 아름답고 우아한 스윙 폼, 정확한 샷, 늘 미소 가득한 따뜻한 모습, 예의바른 행동, 겸손한 말씨와 자세 등 여러 가지 장점이 많은 선수다. 동향인同鄕人이라서 더 친근감을 가지는지도 모른다. 이번 국가대항전이 열리기 전부터 감이 좋았다. 대한민국의 우승은 물론 전선수의 활약에 큰 기대를 했다. 역시 선배 언니들과 잘 조화를 이뤄 유일하게 4전 무패로 우승의 일등공신이었다. 상승세를 탓 기에 우승과 스코어도 라운드 당 −4씩, −16으로 점쳤었다. 아니나 다를까 우승과 스코어에 명중하였다. 1~2라운드 더블보기를 한 차례씩 기록 실망하였으나 3라운드부터 특유의 차분함을 유지 상위권으로 치고나갔다. 잉글랜드의 찰리 헐을 3타, 박성현과 쭈타누간 엘레나 강 이민지를 4차로 밀쳐내고 값진 우승을 일궈냈다. 2년 만에 이룩한 쾌거이었으며 2주 연속 우승 트로피를 갖는 진기록을 보유케 되었다. 22살 어린 나이에 US오픈, 에비앙 등 메이저 두 대회를 석권하여 메이저 퀸 별명을 얻었다. 한, 미, 일, 3개국 메이저 대회를 석권한 신데렐라, 최저타 기록을 세웠다. 그동안 준우승만 6번, 4위에서 27위까지 나락의 길을 걸어왔었다.

박성현 선수와는 한 살 차이로 프로 입문은 같은 해란다. 보통 한 살 차이면 친구같이 반말을 쓸 텐데 깍듯이 언니라 부르는 모습을 보며, 참 괜찮은 예의바른 인간성을 가진 훌륭한 선수라 생각했었다.

경기 내내 눈에 거슬리는 게 있었다. 바람결에 휘날리는 말갈기 같은 백발 은발이었다. 노랑머리를 한 뉴질랜드 리디아 고(고보경)와 하양머리의 미국적 미셀 위(위성미)였다. 다니엘 강이란 선수도 은발로 염색을 하였는지 흑발의 뿌리가 듬성듬성 보여 불쾌했다. 그에 비해 호주 국적의 이민지 선수의 윤기 나는 단정한 검은 머리칼은 단연 돋보였다.

한때 제2의 애니카 소렌스탐 여자 타이거 우즈로 각광받던 미셀 위, 너무 어린 나이에 출세를 하였고 대학교수를 아버지로 둔 부유한 가정에서 자라서일까? 그녀는 재질과 명성만큼 큰 성공을 거두지 못했다. 부모의 지나친 명예욕과 잘못된 조기 교육열 탓이 아니었나 싶다.

17살에 세계를 평정한 리디아 고, 한국에서 골프 교육비가 경제적으로 너무 힘에 부쳐 골프하기 여건이 좋은 뉴질랜드 이민자가 되어 꽃피운 고 선수, 그녀 부모의 지극한 교육열에 찬사를 보낸다. 호주 교포 이민지 선수 늘 밝고 환한 미소가 인상적이다. 조용하나 꾸준히 호성적을 내며 호주 국가대표로서 전설의 캐리 웹 선수의 뒤를 잇는 것이 대견스럽다.

은발이 좋아서일까? 금발을 하고 싶었을까? 미국과 뉴질랜드 국적인 그들에겐 은발이나 금발의 유혹도 있었을 것이다. 그동안 흑발의 모습에 낯익다 보니 변색한 모습이 영 곱지만은 않았다. 그에 반해 한국식 이름을 쓰며 흑발인 이민지의 단아한 모습이 잘 어울리는 것 같다.

금발 은발의 성적은 예전만 보다 못하나 흑발의 성적은 꾸준한 상승세다. 어떤 변화를 줘 터닝 포인트로 삼아 더 좋은 성적을 내고 싶은 다짐일 수도 있다. 여성이며 나이 어린 그들을 이해한다. 가꾸고 치장하고 싶은 여성들의 심리, 몸을 아름답게 가꾸고 치장하는 것은 개인의 자유이며 개성이다. 골프는 패션이다. 한국인의 피가 흐르는 그들이 국적과 이름이 한국명이 아니고 머리칼이 노랗고 하얗다 해서 한국인의 피까지 바뀌지는 않는다. 이상하고 낯선 모습이 옛날로 돌아갔으면 좋겠다. 그때보다 성적이 분명 좋지 않다. 개인의 명예는 중요하다. 국가의 명예 또한 값지다. 그러나 그들의 몸속에 한국인의 피가 흐르는 한민족이라는 것을 부디 잊지 말았으면 더 바랄 나위 없겠다. 한국인, 한국계 여성골퍼들은 위대하다.

# 태풍

여러 송이 뭉게구름이 파란하늘 위를 유영한다. 북극해를 떠도는 빙산 같다. 금세 남동풍이 먹장구름을 몰고 산영재山影峙를 잽싸게 넘어 달려온다. 소나기 빗줄기가 비단 폭 휘감기듯 요동친다. 산막 네 귀퉁이 처마 끝에 매달린 풍경은 몸살을 앓고 있다. 은은하고 청아한 풍경 소리를 귀양 보내고, 음치의 연주 괴탁한 소리 불협화음이 중구난방 제멋대로 괴성을 지른다. 창문을 두드리고 처마 끝을 스치는 드높고 날카로운 바람소리, 파열음에 귀청이 얼얼하다. 어떤 악기로도 낼 수 없는 괴팍한 자연의 소리다. 귀신이 나타나는 납량 공포 엽기영화, 몇 장면의 배경음악으로 제격일 것 같다. 극도의 공포감을 조성하는 소리가 이러려니 싶다. 청춘의 새파란 나뭇잎은 한 무리 새떼가 되어 광란의 군무를 하듯, 광풍에 눈보라가 흩날리듯 허공을 떠돈다.

덴빈과 볼라벤이 일주 전 서태평양 괌 근처에서 발생 북상 중이라는 예보가 있었다.

2012 수필과비평 하계세미나 및 문학상 시상식이 8월 한여름 제주도 서귀포 국제컨벤션센터에서 개최되었다. 연초에 계획된 큰 행사이기에 넉 달 전 항공권 예약, 우도관광 등을 마친 상태였다. 전국에서 400여 명의 회원과 문인, 외빈이 참석하게 되어 있었다. 우리 전북수필과비평작가회의 회원 16명이 참석할 예정이었으나 군산지역 폭우, 공직자 비상근무 등 이러저런 이유로 몇몇 회원이 불참하게 되었다. 아쉬움을 안은 채 열 명 남짓 여름비를 가르며 여정에 올랐었다. 24일 제주에는 큰비가 내려 온 섬이 빗물에 푹 젖어 있었다.

폭풍전야의 고요함이란 말처럼 15호 태풍전야의 고요는 침묵의 바다였다. 오키나와를 휩쓸며 올라오는 '볼라벤'의 위력이 대단한 1급 태풍이라며 매스컴이 요란했다.

틈새시간을 적절히 이용 버스 한 대를 빌려 충남북 회원들과 한나절 우도여행을 즐겼다. 쪽빛 남해바다, 달려와 갯바위에 부딪쳐 깨어지는 하얀 포말, 짭짤한 갯내, 상큼한 해풍, 구수한 전복죽, 폭풍 직전이어서 그런지 오감 짜릿한 희열을 느낄 수 있었다. 파란 바닷물과 검은 화산석이 대비되어 우도의 풍광은 또렷했다.

이튿날 식후 행사, 추사 유배유적을 살피고 불운의 천재화가 이중섭의 발길도 살폈다. 아쉽지만 행사를 다 마치지 못한 채 일행들과 작별의 인사도 못 하고 서둘러 공항으로 향했다. 파도와 너울은 높아지고 있었고 한라산이 구름 속으로 숨기 시작하였다. 추자도 상공은 뭉게구름 밭이었다. 이따금 구름 사이로 항, 포구로 대피하는 선박들이 분망하고, 월출산은 태풍을 예견이나 한 듯 잔뜩 움츠리고 있었다.

강원도를 포함 영동지방은 폭설과 봄 불이 재앙의 주범이 된다. 도시는 폭우로 인한 침수피해를 입는다. 태풍은 허리케인의 위력에는 못 미치나 해마다 동북아시아 주변국들에게 엄청난 손실을 끼친다. 제주도 부근에서 동북으로 진로가 결정되면 일본과 남해안과 영남지방에, 북진을 하여 서해상으로 진로가 결정되면 호남, 충청, 경기, 수도권에 막대한 피해를 끼친다. 북한 역시 예외일 수 없다. 서북쪽 중국으로 향하여야 피해가 가장 적다.

재난방송 주관사에선 정규프로그램을 중단하고 볼라벤의 활동을 중계방송하고 있다. 이내 용담호 상류 옥색 물빛은 황토색으로 변색되었다. 이곳 진안고원은 타 지역에 비해 지리산과 덕유산으로 이어지는 백두대간이 태풍 길목을 막아줘 비교적 안전한 편이다.

강풍의 속도가 얼마인지 몰라도 돌풍이 일어 연약한 오동나무, 두릅나무가 부러지고, 벚나무 자귀나무가 찢어진다. 매실나무가 열 주 이상 넘어졌다. 유연성이 뛰어난 대나무도 부러진다. 강풍을 이기지 못하고 사과, 배, 대추, 호도, 감이 제 생을 다 채우지 못한 채 풀밭에 내동댕이쳐진다. 표고목도 넘어지고, 뒷산 아름드리 참나무와 소나무가 여러 주 이리저리 뿌리를 드러내고 누워있다. 가공할 위력이다. 볼라벤의 강타를 채 수습하지도 않았는데 덴빈은 비구름을 몰고 와 물 폭탄을 쏟아 부었다. 이번처럼 연이어 태풍이 바람으로 휩쓸고 빗물로 덮어버리면 어떤 대비책도 불가항력인 셈이다.

사람도 삶도 마찬가지인 듯싶다. 누가 어느 때, 어디에 있느냐가 일생의 운명을 결정짓기도 한다. 자신의 의지와는 전혀 관계없이 꺾이고 뽑히고 갈기갈기 찢기어 좌절하고 절망하며 죽기도 한다. 이런 걸 운명이라 하는 걸까. 숙명이라 치부하며 위무 받는지도 모른다.

국가가 사회가 이웃이 우리를 못 살게 하고 시련과 고통을 준다. 어디에서, 누구를 부모로 하여 태어나고, 어떤 교육을 받고 자라온 환경이 그 사람의 일생을 지배한다.

그러나 그 누구도 자연현상의 재앙을 피할 순 없다. 지구촌 곳곳에서 수많은 재앙이 일어나고 있다. 재앙이 발생하는 그 곳, 그 시간을 비켜 있어야 온전할 수 있다. 금세기 최대의 재앙, 작년 3월 일본열도 대지진으로 인한 해일이 좋은 예이다. 찬찬히 살펴보면 자연의 대재앙보다 문명의 발달과 함께 우리 인간의 과실에서 많은 요인을 찾을 수 있을 것 같다. 문명의 발전과 진화가 꼭 최고선은 아닌 것 같다.

# 샌프란시스코 국제공항

약 6주 전 정확히 5월 30일, 우리나라 시간으로 5월 31일. 샌프란시스코 국제공항으로 자국기自國機를 이용, 미국 땅을 밟은 일이 있었다. 밤새워 북태평양 상공을 가로질렀다. 10시간 넘는 비행시간이었다. 비행에 관심이 많은 나는 늘 창 쪽 자리에 앉는다. 이착륙 때 각 비행장의 풍경과 도시의 휘황찬란한 야경, 비행 중 나타나 사라지는 오묘한 자연과 우주공간의 신비로운 현상을 즐긴다. 청소년마냥 미지의 세계, 상상 속으로 빠져들어 황홀한 꿈을 꾸기 때문이다.

활주로 착륙상태가 매끄럽지 못했다. 비행장 활주로 주변엔 무슨 공사를 하는지 크레인이 여러 대 서 있고 어수선한 분위기였다. 입국수속을 밟는 데 3시간이나 걸렸다. 직원과 관계공무원들의 불친절, 비좁은 공간과 허접한 시설, 입국하는 외국인위에 군림하는 고자세, 지나치게 까다롭고 더딘 입국심사, 어느 것 하나 눈에 차는 게 없었다. 느긋한 중국인과 이웃 캐나다인들도 볼멘소리다. 아무리 9 · 11테러의 여파라지만 이것은 아니었다. 12년이 지난 오늘에도 그들은 9 · 11을 잊고 싶은 가장 부끄러운 치부일 것이다. 미국의 구멍 뚫린 방공망은 치욕의 멍에가 아닐 수 없었다. 그들의 심장부 뉴욕무역센터가 처참하게 초토화되었고, 세계최고의 요새란 별칭을 갖고 있는 워싱턴 펜타곤이 공격을 받았었다. 미국의 명예와 자존심에 치명상을 준 사건은, 2차세계대전시 하와이 진주만 피습사건과 더불어 미국 최고의 세기적 치욕적인 불명예였다.

일정이 1시간 이상 늦어졌다. 신속, 정확, 친절, 깔끔하게 입출국 업무를 처리하는 우리나라 인천국제공항이 10년 연속 세계최고의 공항으로 선정되는 이유를 알만 했다. 세계 최고 최강이라고 자부하는 미국, 샌프란시스코 국제공항의 업무처리 수준은 전산 후진국, 동남아나 여느 항공후진국 공항 수준에도 미치지 못했다. 친절도 역시 중국에도 못 미친다.

그 이름마저도 경쾌하고 매력적인 샌프란시스코. 내 마음속에 오랫동안 아름다운 도시로, 좋은 감정으로 자리 잡았던 도시를 매몰차게 내쳐버리기로 하였다. 인원감축으로 인한 공항 노조파업 중이라 대부분 그렇단다. 여행을 즐기는 나로선 지금까지 지구촌 50여 나라, 꽤 많은 공항을 이용했었다. 미국과 유색인종에 익숙치 못한 내 탓일까? 이처럼 짜증난 일은 없었다. 이 지구상 일등국 나라답지 않은 모양새가 몹시 비위에 거슬렸다.

지난 일요일 아침(7일) 비보가 날아들었다. 대한민국 민항기 아시아나항공 OZ 214편(H L-7742) B-777기의 샌프란시스코국제공항 착륙 사고였다. 처참하고 긴박한 사고현장의 생생한 실황이 계속 방영되고 있었다. 승무원과 소방대원들의 눈물겹도록 헌신적인 구조 활동이 가슴 벅찬 감동 그 이상이었다. 여러 영상화면을 통하여 전 세계인은 아시아나항공 여승무원들의 헌신적 승객 구조 활동을 보며 가슴 뭉클해 했다. 그리고 극찬을 보내며 영웅의 칭호를 붙여줬다. 부상의 몸을 이끌며 삶과 죽음의 문턱에서 여섯 승무원이 보여준 지고하고 헌신적 인간애는 성인의 경지였다. 인간이 만든 최고의 그 어떤 영화 한편보다 더 리얼한 휴머니즘의 진수였다. 둘째 딸아이는 12

년차 중견 승무원이다. 주로 미주노선과 유럽노선을 오가고 있었다. 걱정이 되었는지 곧바로 알려왔다. 사고 하루 전, 점보기 B-747로 LA에 왔다 귀국비행 준비중이라며 침통해했다. 내가 이끄는 1박2일 초등학교 동창회를 서둘러 끝마쳤다.

항공기는 현대 기계문명의 총아다. 수만 개 부품이 결합된 종합예술품이다. 1905년 라이트형제가 첫 비행을 한 뒤 100여 년의 역사가 흘렀다. 미국은 항공분야 세계 최선두를 달린다.

우리나라는 미국보다 300년이 앞선 임진왜란(1592)당시 진주성 전투에 비차飛車라는 비행기의 원조 기록이 있다. 그러나 현실은 미국을 비롯한 항공선진국에 한참 뒤 쳐져있다.

NTSB(미국교통안전위원회)는 조종사 과실 쪽에 무게를 두는 듯 기자회견을 했다. 여러 가지 검증되지 않은 정황을 근거삼아 추상적 이유를 거론하며 전혀 미국답지 않은 경솔한 행동이다. 미국 주요 언론매체마저도 마찬가지다. 승무원들의 헌신적 승객 비상탈출업무 수행을 극찬하면서도 공항의 여러 과실요인과 기체결함 등은 은근히 감추는 인상이 짙다.

통상 대형항공기 사고 원인규명은 1년 내외 걸린다. 가장 중요한 블랙박스 판독이 이루어져야만 가능하다. 시간이 지나면 진실은 규명되겠지만 전례 없이 조급히 서두르는 미국의 의도를 미루어 짐작할 수 있었다.

'기장의 경험미숙에 의한 과실'에 기인한 사고라고 발표했다. 비행시간 10,000시간이면 15년 이상 비행 경력이다. 수없이 이착륙훈련을 한다. 지도교관 L 기장은 12,000시간 이상의 베테랑 조종사다. 그리고 컴퓨터에 의한 계기비행, 이착륙을 한다. 그러나 저속력에 의한 저고도 착륙사고가 발생했다. 항공사고의 원인 규명은 관제탑과의 교신내용, 활주로 유도등의 작동상태, 공항시설의 총체적인 문제, 기체와 엔진의 결함, 이런 여러 가지 정밀조사와 음성기록장치, 블랙박스 판독사항이 일치가 되어야 최종 결론을 얻고 확정을 짓는다. 훌륭한 운항 승무원을 다스리며 마지막까지 최선을 다한 기장과 조종사의 자질을 의심하고 단정짓는 미국의 성급한 태도는, 항공선진국 답지 않은 치졸한 행동이었다. 목숨을 걸고 끝까지 숭고한 희생정신을 발휘, 승객구출에 최선을 다한 승무원들에 대한 모독이며 진실에 대한 죄악이다.

우리나라 공군 파일럿의 비행술 또한 세계적이다. 좁은 국토, 남북이 대치된 좁은 공간의 영공, 현대 공중전의 승패를 판가름 하는 속도전, 열악한 여건 속에서 비행술을 연마한 그들이다. 한국 공군의 에어쇼 비행단 '블랙이글' 팀은 전 세계인이 감탄하는 세계최고 에어쇼 팀이다.

이번 착륙사고는 절대 조종사의 과실만이 아님을 짐작케 한다.

뭔가 불가항력적인 원인이 있겠으나 샌프란시스코국제 공항의 총체적인 결함에서 사고의 원인이 밝혀질 것이다. 샌프란시스코 국제공항은 기상여건이 나쁜 날, 계기비행 아닌 수동비행 착륙 시 대단한 위험요소를 가지고 있는 공항이란다. 공항 활주로가 샌프란시스코 만 안에 건설되어 있어 바다와 활주로가 육안으로 구분이 어렵다 한다. 여러 가지 위험요소를 가진 문제의 공항이라고 이구동성 여러 조종사들이 말하였다. 대한민국 조종사들의 우수성을 굳게 믿는다. 미국은 국익만을 생각지 말고 사실과 정의에 입각한 냉정하고 정직한 사고조사를 하여야 할 것이다. 그것이야 말로 인류의 우주항공산업 발전과 미국의 미래, 자국의 국익을 위한 진정한 바른길이며 애국이리라.

# 터닝 포인트

**고뇌하며 증오하던 청년시절-속초束草**

우수경칩이 지난지도 한참인데 앞산엔 잔설이 하얗다. 동방규의 시 '춘래불사춘春來不似春' 한 구절로 천하절색 왕소군을 그려본다. 까마득한 세월 이전, 74년 늦은 봄 설악산 대청봉 잔설의 잔영이 스친다. 제대특명을 받고 한 달 일찍 후배들의 전송을 받으며 병영을 떠나던 날의 풍경과 흡사하다.

청춘의 푸른 피와 넘치는 열정, 온 세상의 고뇌와 번민을 머리와 가슴에 가득안고 살아가던 스무 살 갓 넘긴 어디로 튈지 모르던 럭비공 같던 시절, 국민의 4대 의무 중 하나인 병역의무, 가장 꽃다운 나이 3년을 어떻게 엮을 것인가? 고등학교시절부터 고민이었다. 부유치 못한 시골 보통 집 장남인 나는 무거운 의무감의 굴레를 벗어나기가 자유롭지 못 했다. 고학하며 장학금 받아 근근이 도시로 나와 유학을 하고 있었다. 이팔청춘, 자유인이었던 영혼은 마냥 고삐 풀린 망아지마냥 천방지축 뛰놀고 싶은 젊음의 욕망을 주체할 수 없었다. 일류대학에가 꽁무니에 머물며 고생하며 자존심 상하느니 출세와 생활안정이 비교적 보장된, 가난한 수재들에게 최고 인기 있는 사관학교, 그중에서도 공군사관학교가 유혹하고 있었다. 파일럿이 되어 지구라는 신비한 행성 구석구석을 한 마리 보라매가 되어 날고 싶었다. 아니 구차한 고학 안 하며 공부하고 싶었다. 학비 전액면제인 공군사관학교로 방향타를 돌렸다. 공짜는 그저 있는 게 아니었다. 나도 모르는 연좌제법 올가미에 걸리게 되었다. 큰고모부가 해방되고부터 한국 전쟁 때까지 좌익 공산당 간부경력이 세상 밖으로 나오는 사건이 발생했다. 지역민의 밀고로 국가정보기관에 알려져 생도생활 2년을 못 채우고 그만두어야 했다. 천신만고 끝에 육군 사병의 길을 걷게 되었다. 군사정권의 유신헌법과 긴급조치 발동, 야당과 지식인 학생들의 반대투쟁, 혼란의 시기-고려 말 무신정권의 부활이었다.

동해안방어사령부-육군 제7993부대, 신설부대라 했다. 설악산 아래 속초비행장 옆이었다. 원주 1군사령부를 거쳐, 밤새워 기차를 타고 강릉역에 내렸다. 4년 전 고등학교 2학년 만추, 수학여행을 왔던 경포대와 동해안을 따라 설악동 입구까지 무개차 트럭을 타고 흙먼지 뒤집어쓰며 두 시간 가까이 달려왔다. 강원도 양양군 강현면 물치, 앞바다 풍광이 좋은 낯선 곳, 가을이 깊어가는 그곳은 4년 전 그때와 별반 달라 진 게 없는 쓸쓸한 해변이었다. 고독의 무거운 침묵만 가득 찬 싸늘한 휴전선이 가까운 전방, 특수병과로 배치되었다. 속초 시내 시청과 경찰서 앞, 동명동 바닷가에 있는 조그만 중대규모의 부대 헌병대, 장교들과 하사관 기존병사들의 슬픔과 동정 어린 눈길을 피할 수 없었다.

바다와 낯선 나는 그해 파도 소리에 불면의 겨울을 보냈다. 눈을 자주 접한 나는 잘 견디며 짜투리 시간을 글쓰기에 열중했다. 수사업무를 맞아 각종 사고, 특히 자살사고를 많이 접하며 삶과 죽음에 대한 깊은 사유를 했었다. 세상을 절실하게 살아야 하는 의욕과 욕망을 저당잡히고 돼지 같은 군대 생활, 청춘을 좀먹고 있었다. 계엄령 하에 행정을–방송국을 접수하고 보도검열과 통제, 하지 못할 짓 해가며 설악과 관동 강원도에 심취하며 닥치는 대로 읽고 쓰며 잡학박사가 되어 갔다. 제대

할 무렵 애어른이 되어 있었다. 아니 푹 늙어 있었다.

### 방황하고 흔들리며 살아온 중장년 세월–전주全州

제대하고 학교로 돌아가 학문의 길을 갈 것인가? 취직하여 집안 형편을 돕고 동생들의 고등교육을 책임지느냐? 기로에서 반년 가까이 고민하였다. 무능한 선비, 해방 전 일본군 해군장교와 정부수립 후 육군으로 근무하여 경제사회에 취약했던 선친, 두 번의 군 생활을 하신 불운한 아버지를 둔 관계로 청소년 시절은 빈곤하였다. 군사혁명 후 고급 공무원 직위를 권유 받았으나 사상과 이념이 다르다며 거절하고 고난의 길을 선택한 대쪽 선비, 무능한 가장이셨다. 대학 전입원서를 접수코자 탄 버스까지 올라와 "너만 자식이 아니다."며 서류를 뺏어 내려가 찢어버린 아버지. 그때 내겐 아버지가 아니었다. 지금도 그 섭섭함의 앙금이 남아있다.

은행과 국영기업체 등 회사가 있었으나 그때 취직자리는 공무원, 교사, 경찰 등 다양하지 못했다. 학원에 등록 공부할 돈도 여력도 없었다. 베트남 전쟁에 참전, 전쟁을 경험하고 돈도 벌어보려던 꿈이 허사가 된 것도 내 복인 것을 어이하랴. 어머니가 쌀 팔아 마련해준 몇 푼으로 공무원시험 관련서적을 구입, 반년 동안 내 평생 처음으로 열심히 공부하였다. 기본은 어느 정도 갖춰 있었고 시험이라면 그리 두렵지 않은 젊음이 있었기에 단번에 국가 중등 준교사(국어), 지방공무원 4급(현7급)합격했다. 임용절차가 진행되는 동안 공무원의 보수를 알아보니 별게 아니었다. 발령 직전 금융기관시험에 응시하였다. 여기도 운 좋게 붙었다. '회계학은 낙제수준인데 타과목이 워낙 우수해서 합격되었다.'고 면접관이 알려주었다. 당초계획은 몇 년만 일하여 돈을 모아 대학에서 내가 하고 싶은 공부를 더 할 계획이었다. 금융기관은 중견 관리직을 응시한 터라 보수가 꽤 매력적이었다. 크게 돈에 대한 위력을 실감치 못했었으나 없으면 자존심과 인격이 피폐해짐을 제대 후 절감하였다. 보수에 눈이 멀어 적성과 거리가 먼 금융기관을 선택하였다. 훗날 교단을 차버린 우둔함을 자학하고 후회를 했지만 그 당시엔 보수면에선 꽤 매력적인 일터였다. 다른 직장의 유혹도 있어 기웃거리기도 하며 한해 두해 세월이 흘렀다. 생활인이 되다보니 빠져나오지 못하는 늪, 평생직장이 되었다. IMF 금융 위기 때 동료선후배는 거의 명예퇴직을 했다. 부하직원의 횡령사고의 아픔을 견디며 33년을 근무하고 10%만 가능한 명예로운 정년퇴직을 했다. 아쉽게도 부임 전 발생한 부하직원의 횡령사고의

도의적 책임을 물어 받은 징계로 최고위직에 오르지 못하고 두 번째 직급으로 퇴임한 회한이 서린다. 동생 셋을 가르쳤고 우수한 아이들이 열심히 해줘서 별 탈 없이 최고의 대학을 마치고 국립 J대학 교수, 항공인, 대기업연구원 등으로 제몫을 잘 하고 있다. 동반자 아내의 알뜰함과 성실한 살핌 덕분에 오늘날 조그만 행복을 누리며 살고 있다. 고향을 떠나 서울에서 내 꿈을 펼치고 싶었으나 전주에서 방황하고 흔들리며 인생의 가운데 토막을 살게 되는 운명이었다.

### 못 했던 일 즐기며 행복 찾는 노년시절-진안鎭安

고향을 영원히 잃는 대가의 얼마 안 되는 수몰보상금, 그동안 희생하여 동생들 가르치고 집안을 지킨 장남인 나, 재산권은 아버지 명으로 되어 있었으나 개의치 않았다. 당연 내 몫이 있으리라 생각했었다. 그 무렵 아버지에겐 어머니 아닌 다른 여자가 있었다. 가정의 화목을 위해 어머니에겐 극비사항이었다. 보상금 산정이 잘못되어 재감정과 보상금 유보신청을 한 사이 아버지와 셋째가 동의 수령하였다. 선친은 전주와 진안에 거처를 마련하고 전주로 옮겨갔다. 수몰보상금은 숨겨 놓은 여자와 사업하며 재산을 축낸 다섯째에게 반 가까이 흘러들어갔다. 어머니는 아버지에게 내연의 여자가 있음을 알게 되었다. 부부간, 부자간 형제간우애에 금이 가기 시작했다. 아버지와 셋째는 결국엔 가지도 못 할 사후고택(아버지 사후 묘역)을 화려하게 만들고 재산을 소비하였다. 셋째 내외는 아버지를 이웃에서 돌보며 살았다. 내 재산이 반 이상인데 단 한 푼도 내게 돌아오지 않았다. 신혼 초부터 부모와 동생들 대식구를 10년 가까이 모셨던 아내의 상심이 제일 컸다. 그 후 이십 년 가까이 아흔둘, 돌아가실 때까지 내 집에 오지 못했다. 나머지 재산은 셋째에게 다 주었다. 동생 내외에게 서운한 점도 있으나 장남이기에 참고 살고 있다. 어머니와 넷째 내외, 다섯째가 1년 사이 세상을 버렸다. 정년퇴임 후 일 년 동안 뒤치다꺼리하다 허송세월을 보냈다. 지지리도 복 없는, 사주팔자대로 인덕과 인복, 재물 복이 없는 나였다. 팔자소관이라 체념했다.

냉정치 못한 나의 심성은 친구 친척 지인들에게, 대출받아 돈 빌려주고 빚보증 서 주고, 돈 잃고 사람 잃은 게 부지기수였다. 아내가 모르기에 평안할 뿐이다. 인생과 재물, 다 욕심에서 나오는 부질없음을 지천명에야 깨닫고 모든 것을 비우고 내려놓았다. 법정스님의 글과 설법이 아니라도 살아오면서 가족의 서운함, 친구와 지인의 배신, 세상의 불공정한 생존경쟁, 이상과 현실의 부조리와 괴리, 좋은 세상 만들어야 하는 막중한 책무를 가진 있는 자와 정치인 권력자들의 부정부패, 그러나 비움이 최고의 선이며 미덕이었다. 조용히 살기로 했다. 낙향하여 은둔생활을 했던 선인들의 현명한 지혜를 알만했다.

마음을 비우고 욕심을 버렸으나 꿈은 포기하지 않았었다. 경제적으로 어렵던 시절, 치열한 삶을 살며 등한시했던 일들을 즐기며 살기로 했다. 대부분 친구들은 힘 있을 때까지 일하며 돈 벌며 일의 노예가 되어가고 있었다. 남은 삶 길면 30년, 인생의 1/3을 행복하게 살고 싶었다. 평안하고 즐거운 삶을 영위하려면 건강이 우선이었다. 본 태생이 건강체질이나 그동안 육신을 혹사시켰다. 술은 평생 즐거움과 회한을 주었으나 반으로 줄이기로 했다. 40년 이상 피우던 담배도 이순 중턱에서 끊었다. 손자의 잉태가 금연에 큰 기여를 했다.

건강하게 살아야 내가 즐기는 글쓰기와 서도書道, 조종술과 승마에 전념할 수 있다. 그리고 아직도 현재진행형인 역마살기를 잘 다스려 세 번째 세계일주를 꿈꾼다.

가끔 글도 아닌 글 써 신문이나 잡지에 발표하여 소주 값 챙겼던 글쓰기를 본격적으로 시작하였다. 유명지에 등단을 하고 두 권의 책을 출간하였으며 죽을 때까지 멈추지 않을 것이다.

서예에 입문 10년이 되었다. 전국서도대전에 10여 회 입선과 두 번의 특선을 하였다. 먹물 손에 안 묻는 정도가 되었다. 마을 주민들의 요청에 의거 마을 신축 정자 현판을 쓰고 붙였다.

재직 시절 틈틈이 익혀 놓은 승마와 경비행기 조종에 보다 많은 시간을 투자하는 기쁨이 있다.

인근 장수경마장을 찾고, 경비행기 조종은 전국투어를 하며 항공사진 촬영에 심취해 있다.

세계여행 중, 그랜드캐니언, 페루 나스카라인, 스위스 융프라우에서의 합동조종 비행을 잊을 수 없다. 고급 취미생활이라 금전적 지출을 간과 할 수 없다. 다른 제 비용을 아껴 취미생활에 과감히 투자한다. 마이너스 경제가 지속된다. 남은 재산을 저당 잡혀 대출받아서라도 남은 인생을 즐기려 한다. 그러다 때 되면 빈손으로 가는 게 인생노정이지 않은가?

나는 가끔 군대생활을 두 번 하는 꿈을 꾼다. 억울하여 싸우다 보면 꿈을 깬다. 개꿈이다. 아버지와 내가 그러했듯 군대생활을 두 번 한 탓이리라. 군대생활은 역경을 이기는 돌격과 승리정신을 기른다. 두려움 없는 자신감과 떳떳함의 원동력이다.

군대생활을 한 사람과 그렇지 않은 사람은 뭔가 다르다. 여자들이 결혼요건으로 중요한 선택사항이다. 젊은 시절 누구나 군대 가기를 두려워하고 기피한다. 그러나 남은 인생을 윤택하고 풍요롭게 엮는다. 고위공직자 들의 청문회를 보면 병역의무를 기피한 사람들이 왜 그리 많은지 모르겠다. 남자들에게 군대생활은 인생의 중요한 전환점이다. 삶의 터닝 포인트! 되돌아보면 군대생활이 내 인생을 송두리째 바꿔놓은 전혀 예기치 못한 센세이션 한 쿠데타, 터닝포인트였다.

05

# 법조사성法曹四星

반세기 전 대부분 법조인들은 만민의 존경을 받았었다. 그러나 오늘날 존경받는 법조인은 그리 많지 않다. 아니 거의 없다는 게 맞는 말 일게다. 군사정부 이후 법조인의 가장 우선되는 덕목, '정의'가 사라졌기 때문이리라. 양심과 정의 청렴 등을 두루 갖춘 법조인은 씨가 말랐다 해도 과언이 아니다. 자본주의의 꿀맛에 맛들어 정치 지향적 법조인, 경제논리에 밝은 수재들을 지나치게 많이 양산하였다. 오늘날 '김&장 법률사무소'처럼 법률기업 법조인재력가 그룹이 탄생하여, 정의로운 대한민국의 국시를 좌중우지 흔들어 국익과 국민을 위해 일하기보다 국기를 문란 나라를 나락으로 빠뜨렸기 때문이다. 오늘날 사법

개혁을 부르짖는 이때 정치권 전반, 특히 정의롭지 못한 사법부의 썩어 문드러진 치부를 보면서 환멸을 느끼고 법조인들을 경멸하게 되었다.

예향 전주, 덕진공원에는 법조 3성상이 있다. 만백성의 존경과 흠모를 받았던 초대 대법원장을 지낸 순창 출신 가인 김병로 대법관을 필두로, 서울 고등검찰청장을 지낸 익산 출신 최대교 검사장, 서울고등법원장을 지낸 김제 출신 김홍섭 판사가 그분들이다. 절대 권력에 저항하고 국가와 국민을 위해 정의로운 삶과 판결을 하신 법조인들이시다.

전주혁신도시, 황방산자락 만성동으로 전주지방법원과 검찰청이 곧 신축 이전한다. 법원 맞은편에 '가인기념관' 건립이 계획된 것을 보도를 통하여 알고 있다. 법원 내 법조3현 기념관 안에 법조3성 흉상 건립계획도 포함되어 있다고 한다.

군사독재시절부터 반세기 동안 힘없는 백성을 위하여 무료 변론을 하신, 그러기에 존경받는 시국사건 1호 변호사 고명한 법조인 한 분이 계시다. 자랑스럽게도 우리고장 진안 출신, 산민 한승헌山民 韓勝憲 변호사님이다. 수많은 반공법 위반사건, 1974년 민청학련사건, 어떤 조사弔辭, 김지하 필화사건, 1980년 김대중 내란음모사건 등을 변호하다 두 번이나 옥고를 치르기도 했다. 김대중 정부시절 감사원장직을 멋지게 마무리하시고, 고령임에도 불구하시고 지금도 활발한 사회활동을 하고 계신다. 변호사는 모름지기 최우선으로 국민의 인권을 보호하여야 하므로 '인권변호사'란 호칭을 가장 싫어하는 것으로 알고 있다.

유머와 위트 재치 넘치는 언변과 글 솜씨는 천하가 다 아는 평범한 사실이다. 《인간귀향》, 《노숙》 등 두 권의 시집을 출간하셨다. 또한 《산민객담》, 《유머수첩》, 《한승헌 수필선》 3권 수필집을 출간하신 문재 탁월하신 원로 문사이시다. 전공분야인 법률서《 한승헌 변호사의 변론사건 실록》, 《위장시대의 증언》 등 20여 권의 방대한 저술을 남기셨다.

그분은 정의로우신 분이다. 이시대의 뭇 법조인들의 표상이다. 한평생 정의구현을 위해 온갖 명예와 영화를 거절하며 진실한 그의 행로, 외로운 고난의 길을 걸었다.

겸손이 몸에 밴 분이시다. 아호 산민은 힘없는 민초들과 같이하라는 근재산민近在山民에서 연유했다는 말씀을 들은 적 있다. 일제 강점기에 가난한 촌부의 아들로 태어나 고학을 하며 어렵게 공부를 하였기에 늘 검소하고 겸손한 자세로 80평생을 사셨다.

유머와 재치 넘치는 영특한 분이시다. 그분의 책을 들여다 보면 고급스런 유머가 많고 날카로운 위트와 재치에 푹 빠져든다. 전북대학교 최초 고등고시(사법시험) 패스자로 널리 알려진 수재이시다. 더 말해 무엇 하랴. 그분 이름 석 자에 누가 될 뿐이다.

이번 기회에 신축되는 가인기념관 법조3성상에 한승헌 변호사를 추가, 법조4성으로 모셨으면 참 좋겠다. 그분의 훌륭한 업적은 자타가 공인하는바 공적을 길이 후대에 남기기를 소망한다. 한 변호사님이 현존해 계시고 본인의 의사를 여쭙지 않고 이런 글쓰기와 제안이 무척 조심스럽다. 산민 선생님은 팔순 후반의 고령이시기에 감히 결례를 무릅쓰고 제안한다. 법조인들은 물론, 문인, 뭇 국민들로부터 한없는 사랑과 존경을 받는 사표이시기 때문이다.

# 전라북도의 깊은 잠

엊그제 월요일자 전북일보 19379호를 보면서 놀람이 큰 상심으로 이어져 씁쓸했다. 제1면에 보도된 〈전북, 항공레저산업 '나 몰라라'〉기사 때문이었다. 기사 내용을 추리하자면 이렇다.

정부가 지역 거점 별로 항공레저산업 육성을 위해 〈경비행장 건설 등 항공레저산업 시범사업〉 후보신청을 9월 30일까지 받았는데, 전북은 단 한 군데도 신청치 않았다 한다. 이웃 전남은 3곳을 신청하였다 한다.

이유인 즉 도내에서는 적극적으로 희망하는 시 · 군이 없었고 새만금과 인접한 군산시, 공항부지가 마련돼 있는 김제시 등을 상대로 후보지를 물색해 왔으나 해당지자체의 반대로 사업신청을 못 했다고 하였다.

최근 남원시와 고창군 등과 신청을 논의했으나 지리적여건의 불합리성을 들어 신청치 않은 것으로 보도되었다. 참으로 통탄스러운 일이다.

항공레저산업은 고부가가치산업임을 우리는 잘 알고 있다. 그리고 미래 무한한 성장가능산업이다. 고소득 복지사회에선 고급레저가 레저산업을 선도한다. 10여 년까지 눈총 받던 골프나 승마는 레저산업으로 대중화 된지 이미 오래되었다.

경비행기투어, 패러글라이딩, 행글라이딩, 수상스키, 번지점프, 제트스키 등 첨단레저 산업이 선진국에선 상품화 대중화되어 성업을 이루고 있다. 우리나라 역시 레저시대가 다가왔고 동호인들끼리 즐기며 선도하고 있는 게 현실이다. 남북한이 대치한 미묘한 지리적여건 으로 정부의 제약사항이 너무 많다. 그러나 통일 후 미래를 내다보아야 한다.

때 늦은 감은 있었지만 우리나라도 우주선을 발사하고 초음속 항공기를 수출하는 나라가 되었다. 우주항공국 대열에 들어섰음이다.

현재도 그렇지만 가까운 미래는 우주항공산업, 전자산업, 생명공학산업이 선도할 것이다. 국민소득이 늘어남에 따라 항공레저산업의 발전은 레저산업을 주도할 것이며 레저인구는 폭발적으로 증가할 것이다.

한때 전주는 교육 문화도시로서 우리나라 6대 도시였고, 전북 역시 중위권 지역이었다. 지금은 어떠한가? 모든 분야에서 꼴찌를 맴돈다.

새만금개발사업은 30년이 다 되도록 끝이 안 보인다. 민간공항도 없다.

항공레저 산업의 입지적 조건은 결코 타도에 뒤지지 않는다. 그런데 왜 신청치 않았을까. 지방자치단체간의 소지역 이기주의가 작용했을 것이다. 오래전부터 추진해온 국제공항이나 민간공항 건설 역시 불투명하다.

각 지역마다 민간 경비행장(초경량)이 있다. 가장 활성화 된 곳이 경기도 안산, 화성지역이다. 인근 서울과 경기도의 레저인구가 많기 때문이다. 우리 지역에도 초라한 경비행장이 있다. 유능한 교관조종사도 몇 있고, 경비행기를 소유한 조종사, 클럽 동호인 조종사도 50여 명이 넘는다. 레저를 즐기기엔 너무 열악하기에 대부분 타 지역으로 이거하거나 이웃 공주 대천 담양 화성 등으로 옮겨 다니며 활동하고 있다.

나는 오래전부터 경관이 수려한 진안고원에 경비행장을 건립, 비행학교를 설립하여 후진양성과 용담댐과 연계한 첨단레저사업을 하려고 추진한 적이 있었다. 입지적 여건, 제반 제약사항이 너무 많아 진전 없이 세월만 잃고 있는 중이다.

전북은 경관이 아주 좋은 산과 강, 고원과 평야 바다가 잘 어우러져 있다. 더없이 좋은 조건이다. 항공레저 선진국에 갈 때마다 부러울 때가 한두 번이 아니었다. 그랜드 캐니언에서 승객을 태우고 부조종사로 50분 비행시간 중 40여 분 비행한 것은 평생 남을 신화가 되었다.

전국 4개 거점 지역 가운데 하나인 호남지역은 전남이 선점할 것은 불 보듯 빤한 일이다. 아직도 늦지 않았다면 도 차원에서 적극 재추진할 사업이다. 이름도 없는 별 볼일 없는 축제 그만 만들고, 미래지향적인 작지만 알찬 사업을 구상 추진하기를 주문한다. 남이 하지 않는 기발한 사업이 살아남고 경쟁력이 있다. 우리는 올림픽 금메달리스트만이 오래 기억한다. 은메달 동메달리스트는 쉬 잊는다. 2등은 없다. 오로지 1등만 살아남으며 기억한다.

## 망건 쓰다 장 파한다

### – 전북권 국제공항을 꿈꾸며 –

여객선으로 몇 달에 걸쳐 항해하여야 지구 한 바퀴를 돌 수 있다. 몇 해 전 낮은 경제성 때문에 퇴역한, 이 세상에서 제일 빨랐던 여객기 콩코드는 지구 한 바퀴를 도는데 하루면 충분했었다. 일반 제트 여객기로도 이틀 비행이면 지구 한 바퀴를 돌아온다.

전북도민들이 해외를 가거나 가까운 제주도에 갈려면 제일 짜증스럽다. 공항 때문이다. 그로 인해 경제력이 제일 약한 전북도민이 경제적 시간적 손실을 많이 본다. 타 도민들은 대부분 1시간 거리에 공항을 갖고 있다. 전북 도민은 제주도에 갈려면 군산이나 광주 공항, 아니면 김포나 청주공항을 이용해야 한다. 그나마 가장 가까운 군산공항은 제주와 김포, 운항회수가 1일 2회여서 여간 불편한 게 아니다. 진안 장수 무주 지역은 지역적으로 불리, 더 큰 불편을 감수하여야 한다. 우리나라 각 도내道內에 민간공항이 없는 곳은 충청남도뿐이다. 그중 국제공항이 없는 곳은 전라북도이다. 군용공항을 제외한 20여 개의 공항 가운데 인천공항을 비롯한 8개의 국제공항, 4개의 민간공항, 미 공군 비행장에 더불어 운용되는 군산공항, 우리 공군과 같이 사용하는 광주, 원주공항 등 세 곳, 기타 교육훈련 및 예비용 공항 두 곳, 오산 미 공군전용비행장 등 몇 곳이 있다.

공항의 요건은 안전성, 신속성, 편리성 경제성이 고루 갖춰져야 한다. 문명이 발달하고 현대화가 가속화 될수록 가장 중요한 것이 시간이다. 스피드 시대가 도래된 지 꽤 오래전이며 우리는 초스피드 시대를 살고 있는 주인공들이다. 멕시코 유카탄반도 끝, 세계적 휴양지 칸쿤에 다녀온 일이 있었다. 20여 년 전에는 새만금보다 못한 여건의 작은 어촌이었다. 후발 주자인 칸쿤, 20년 후 지금은 인구 100만이 넘는 카리브 해 최고의 휴양지로 각광받는 유명 도시가 되어 있었다. 부러웠다. 정부의 의지와 정책의 중요성, 깔끔하고 세련된 칸쿤 국제공항이 큰 몫을 한 것으로 알고 있다.

민선6기 지방정부가 들어서더니 전라북도 공항 예정지가 흔들리고 있다. 1998년 김제시 백산면과 공덕면 인근에 전북권 공항 예정지로 확정 추진 중이었다. 지금으로부터 7년 전인 2007년 개항을 목표하고 있었다. 가칭 김제공항은 30여 년 가까이 터덕거리는 새만금지역 개발과, 미 공군으로부터 자유스럽지 못한 군산공항의 대안으로 전라북도의 숙원사업이었다. 그러나 어느 날부터 소지역주의에 휘말려 지역주민들의 뜻을 앞세워 지역 출신 국회의원이 건설 반대를 하고, 급기야 2003년도엔 감사원감사의 수요과다 예측이란 미명하에 공사를 중단, 채소밭으로 전락한 지 7년을 넘겼다. 대안으로 새만금지역과 만경강 하류 만경읍 화포리 지역이 거론되었다. 15년 허송세월 보내놓고 또 다른 곳을 들먹인다. 어쩌자는 일인지 모르겠다. 그만한 타당성이 있었기에 김제공항을 정책으로 입안되었었다. "망건 쓰다 장 파한다."는 옛말이 있다. 전북권 국제공항은 현재보다 미래지향적 이어야 한다. 그리고 무척 시급한 정책이다. 새 예정지를 찾을 때가 아니다. 이미 결정되었던 곳을 추진하면 된다. 공항건설문제로 15년 동안 소모전을 일삼는 전라북도가 어느 세월, 새만금을 개발하고 잘 살기를 바라는가? 작아져만 가는 전라북도의 참 모습을 보고 있는가? 이제

충북이나 강원도의 도세에도 위협받는 처참한 꼴의 전북의 위상을 보면서 도민들은 상처를 받고 있다.

김제공항 예정지에서 전북의 수도 전주까지는 공역 직선거리 약 21km, 익산 11km, 김제 9km, 군산 22km로 자동차로 반시간 이내의 접근성과 기존 도로망이 잘되어 있다. 군산 비행장에서 공역 직선거리로 화포리 예정지 18km, 김제공항 예정지까지는 27km 떨어져 시간성 안전성 경제성 편리성 미공군기와의 공역 등을 살펴볼 때 김제가 단연 으뜸이다. 전주 익산 군산 새만금 김제 완주 부안 정읍 장항 서천 논산 등은 자동차로 1시간 이내 권역이며, 진안 임실 장수 무주 지역도 한 시간 반 이내로 접근성이 뛰어나다.

지금 고창 남원 순창 정읍 일부 주민은 광주공항을 이용하고 있다. 그러나 광주공항은 도심에 위치 폐쇄가 계획되어 무안공항으로 이전될 공항이다. 언젠가는 전북권공항을 이용할 수밖에 없는 처지이다. 그러지 않아도 항공수요는 늘어나고 급속한 증가는 자명한 일이다.

약 반세기 전, 1960년대 후반 전미동 전주비행장 활주로 위로 뜨고 내리던 프로펠러 소형 여객기, 대한항공공사의 KNA의 DC-3 와 YS-11의 반짝이던 은빛 날개가 그립다.

## 마이산 하늘관광

마이산은 명승이다. 독특한 모양새와 역암 타포니 현상 등으로 지질학적으로 매우 희귀한 지역이다. 조선 창건의 역사, 이성계의 발자취와 대업의 꿈이 서린 성스러운 성지이기도 하다. 그런 명승 성산 마이산이 요즘 본의 아닌 호된 몸살을 알고 있다. 폭염이 잦아든 진안고을에 9월이 깊어가고 있다. 지난여름 유별난 더위만큼이나 마이산 케이블카 설치 문제가 뜨거운 감자로 서늘한 9월을 뜨겁게 달구고 있다. 찬 · 반 양편에서 성명을 내며 기 싸움하는 모양새가 그리 곱지만은 않다. 정책 발표 전 군민들과 전문가, 관련단체들과 충분한 의견 수렴과 치밀한 사업 타당성 검토 등이 이루어지지 못한 점이 못내 아쉽다. 그

후유증의 여파가 결코 만만치 않을 것 같다.

환경파괴와 예산낭비, 비경제성을 들어 진안녹색평화연대 등 환경관련 9개 단체들은 케이블카 설치를 적극 반대하고 있다. 진안군애향운동본부 등 19개 사회단체는 지역 경제성 논리와 관광사업 확대, 수입증대를 앞세워 적극 찬성하고 있다. 군민들의 여론 역시 대등한 수준으로 첨예하게 대립되어 있다. 막무가내 반대와 찬성이지 적절하고 뾰쪽한 대안을 제시치 못하고 있어 씁쓸할 뿐이다. 반대를 위한 반대 같은 느낌이 없지 않아 개운치 않다.

마이산은 지형적 특성상 북부권과 남부권으로 나뉘어져 있다. 남 · 북 주차장간 암 · 수 마이봉 협곡을 가로질러 천황문 고개를 넘나드는 도로가 없어 차량통행은 불가하다. 약 3㎞ 비탈길과 계단을 오르내리며 걸어야 육상 관광을 할 수 있다. 그리고 남 · 북 주차장에 주차한 차량은 양 편으로  약10㎞씩 우회하여야 하는 불편을 감수하여야 한다. 관광을 하는 노약자나 어린이 장애인들에게는 큰 불편과 시간이 소요된다.

비교적 경사도가 낮고 코스가 긴 남부주차장에서 천황문까지 약 2.5km. 모노레일을 설치할 것을 제안한다. 남부주차장(터미널)–금당사(역)–탑영제(역)–탑사(역)–은수사(역)–천황문(터미널)까지 설치하고, 경사도가 가파른 북부코스는 북부주차장에서 천황문까지 약 0.5㎞는 푸니쿨라를 설치하여 천황문 터미널에서 모노레일과 연결하면 남북은 원활하게 통행이 된다. 운행 티켓은 왕복, 편도, 구간별로 발행, 운영하면 자유롭게 나옹암, 나도산, 봉두봉, 암마이봉, 화암굴 등 주변을 탐방하면 된다. 멀리 유럽 여러 나라 알프스 주변국과, 가까이 중국 관광을 해 본 분들은 쉬 이해가 갈 것이다. 최소한의 환경파괴이며 소통의 편리함이다.

우리 고장 진안고원은 산과 물이 많아 수려한 경관을 자랑한다. 특히 하늘에서 보는 풍광은 남한 일대에서 가히 으뜸이라 할 만하다. 진안읍 인근에 하천변이나 용담댐 유휴지를 이용하여 활주로를 만들고 경비행기(초경량) 2~3대를 띄워 항공관광을 하면 좋을 것이다.

성수기 대량관광객을 위해선, 15~20인승 관광헬기를 1~2대만 띄우면 된다. 사계절이 뚜렷한 마이산과 운장산, 금강과 용담댐, 섬진강이 어우러진, 하늘에서 보는 진안고을 상공의 풍광을 한번 본 사람이나 사진작가 애호가는 평생 감동을 하고 다시 찾아 올 것이다.

케이블카는 마이산 주변, 일정 구역만 조망이 가능하고 전

구역 구석구석 관광하기엔 한계가 있다. 모노레일을 설치하면 마이산 내부 관광을 포인트별로 충분히 할 수 있다.

경비행기와 헬기를 띄우면 진안의 명산을 다 조망할 수 있다. 그리고 지리산 덕유산 계룡산 대둔산 등도 조망 가능하다. 금강과 섬진강 줄기, 용담호의 반짝이는 은물결과 금물결은 가히 환상적이다. 그리고 외지 관광객들의 체류 시간이 길어져 우리 지역 경제에 보탬이 될 것이다. 환경보전, 경제성, 관광사업 확대, 지역특성 등 시간을 두고 깊이 검토하고 추진하기를 바란다. 진안을 진정으로 사랑하고 아끼는 토박이기 때문만은 아니다.

# 너에게 묻는다

하루빨리 한국문인협회 회원을 탈퇴하라! 가증스럽다. 등단작 혹시 순실이 동생이 대작해 주지 않았니? 악마의 화신 가증스런 네 얼굴을 매스컴에서 볼 때마다 구역질이나 눈을 감는다. 올해는 혼용무도의 해였다. 귀신같이 맞는 말이다. 국민을 속이고 국회를 속이고 하물며 가증스럽게 제 자신마저 속인, 입만 뻥긋 열면, 같은 교언영색으로 폭포수처럼 우렁찬 거짓말과 속임수로 국정을 농단한 대통령! 위대한 대한민국 대통령의 참모습이다. 우리는 감쪽같이 그의 허상과 가면을 보며 그래도 한 가닥 희망의 끈을 놓지 않았었다. "잘하겠지……."

설마, 설마 했지만 그래도 믿었다. 너에게 묻는다. 검찰 조서

받듯 물음에 정확한 답을 적어 부디 모범답안을 기대한다. 아울러 "공주님에게 묻는다. 바라건대 한 줌 거짓 없는 대답을 하여 국민들에게 진실을 밝혀 사죄하고 용서를 빌라. 상처 난 멍든 가슴을 따뜻이 어루만져 슬픔을 위무해 주길 바란다.

고생을 해 보았느냐? 아니요.

밥 굶어 보았느냐? 아닙니다.

돈 벌어 봤느냐? 돈 벌 필요 없었어요.

아르바이트 해 보았느냐? 못 해봤어요.

홀로 여행해 보았느냐? 감시 때문에 할 수 없었어요.

친구 집에서 잠자보았느냐? 친구가 없어요.

남의 집 신세 져 보았느냐? 노!

헐벗어 봤느냐? 부자인데 왜 헐벗어요.

취직해 보았느냐? 국회의원 자동인데 무슨 취직? 이보다 더 좋은 직장도 있나요.

갑질당해 보았느냐? 내가 최고 갑인데, 무슨 갑질을 했으면 했지, 당해!

처절하게 절망하여 보았느냐? 내 마음엔 절망은 없고 새파란 희망뿐이야.

절망의 늪에서 밤새 혼절할 정도로 울어 보았느냐? 울긴 왜

울어 이 좋은 세상에

시집 가 보았느냐? 다 알면서 왜 물어

남편 섬겨 보았느냐? 시집 안 갔는데 무슨 남편?

시집살이 해 보았느냐? 시집이 없으니 시집살이도 안 했지.

시부모 모셔 봤느냐? 있어야 모시지, 있더라도 왜 모셔.

아기 낳아 길러 보았느냐? 비서들이 다 길러주지 힘들게 내가 왜 길러.

가정 꾸려 보았느냐? 그건 1급 비밀입니다.

셋방살이 해 보았느냐? 청와대가 있는데 웬 셋방살이.

어머니 되어 보았느냐? 이것도 비밀.

아줌마 되어 봤느냐? 공주가 무슨 아줌마.

아니, 시집을 안 갔지. 그러기에 너무 못 해본 것이 너무 많구나. 경험 부족, 체험해야 할 수많은 것들을 두고 겁도 없이 대통령이 될 생각을 한 것을 보면 정말 대단한 건지 바보천치인지 가늠이 안 가는구나. 유리공주야 가엽다.

# 난향비蘭香碑

난향은 은은하다. 자태는 고고한 선비를 떠올리게 한다. 한편 정절 깊은 명기名妓를 연상키도 한다. 이난향비李蘭香碑, 용담댐에 수장된 내 고향 이웃 산정山亭마을 앞에 있던 특별한 비석이다. 진안 마이산에서 흘러내리는 금강의 지류 학천鶴川이 휘감아 도는 벼랑 낭떠러지 바위절벽에 서있던, 보기 드문 노비奴婢의 충절이 얽힌 비석이기 때문이다. 나는 이 비석을 비탈길 300여 미터 떨어진 마을 앞, 노거수 은행나무 아래 큰 바위 앞으로 옮긴 사연이 있다.

병자호란 때 충절의 상징인 삼학사 중의 한 사람인 홍익한洪翼漢의 옛 이름은 홍습洪霫이였다. 홍습의 부친은 진사 홍이성이며 백부인 교위 홍대성에게 양자로 입적되었다. 홍진사 일가는 지금은 용담댐에 수장되어 역사 속으로 사라진 전라북도 진안군 상전면 수동리 산정마을 앞 원담들 산록에서 임진왜란을 피해 피난생활을 하고 있었다.

첩첩산중 진안지방도 임진란을 피할 순 없었다. 1592년 전주성을 공격하려는 왜군은 진안지방에 들이닥쳐 홍진사 일가는 급히 마을 뒷산 너머 시향時享골(谷)로 피신하였다. 산속에서 며칠을 피신하다 보니 먹을 것이 떨어져 난감한 처지에 이르렀다. 노비 난향은 양식을 가지러 야음을 틈타 마을로 내려와 집으로 잠입하다 왜군에게 붙잡혔다. 난향은 갖은 고초를 겪으면서도 주인의 행방을 끝까지 밝히지 않고 충절을 지켰다. 왜군들은 홍진사의 집을 불태웠고 난향은 혀를 깨물어 자결했다 한다. 그러나 이 지역에 전해 내려오는 이야기는 스스로 혀를 깨물어 말을 못하자 왜군이 젖가슴을 잘라 죽였다 한다.

산정마을 앞 학천 건너 원담들 상단에 우리 집 큰 밭이 있었다. 어린 시절 어머니 따라 밭에 가면 밭 한가운데 아름드리 큰 향나무가 한 그루 있었고 그 밑에 사시사철 시원한 물이 솟는 샘터가 있었다. 근방에서 일하던 농부들은 우리 밭 가운데 샘에 와 목을 축이곤 하였다. 쟁기질을 하면 기와장도 나오고 시

퍼렇게 녹슨 놋수저 놋그릇 등 생활용구가 가끔 나오곤 했던 기억이 또렷하다. 이곳이 남양홍씨南陽洪氏 홍 진사의 집터이었으며, 벼루구석에 있는 난향비의 충절 어린 사연을 듣게 되었다. 임란이 끝난 뒤 선조 37년(1604) 조정과 그 후손들이 난향비를 건립한 이야기와 노비 이난향의 충절을 새긴 비석의 내용을 들었다.

내 고향 마을은 금강 상류 강변에 형성된 큰 마을이었다. 강과 마을 사이로 드넓은 벌판이 형성되어 있어 150여 가구, 800여 명이 먹고살아가는 생명창고였다. 논에서 생산되는 쌀을 주곡으로 생활하는 산촌 속 농촌이었다. 큰 강이 있어 민물고기와 다슬기가 풍부했고 산이 많아 밭작물과 임산물 산짐승 역시 풍족했다. 봄철 농사철이 시작되면 보洑 역사役事가 시작된다. 논농사가 끝난 뒤부터 방치된 냇물을 막은 보를 보수하고, 십 리 가까운 도랑(수로)을 친다. 경작자들은 소 구루마 삽과 괭이 등 연장을 갖고 나와 떼도 뜨고 흙짐도 진다. 온 마을사람들이 참여하는 제일 큰 공동작업, 울력이었다. 보주洑主네 집에서 쌀을 걷어 밥을 짓고 반찬을 만들며 아이들은 그릇을 가져가 인근 나무그늘에서 요기를 하였다. 보 역사는 사월 중순경 2~3일간 계속되었다.

군복무를 마친 1974년 봄날, 아버지 대신 보 역사에 참가하였다. 십리 가까운 보도랑 중에 강물이 범람하거나 홍수 가지고 장마철이면 보 도랑이 터지는 벼루모퉁이, 난향비가 있는 곳이다. 새마을사업으로 배정된 시멘트를 이용, 암벽을 깎고 뚫어 반영구적 수로를 내기로 했다. 난향비를 옮겨야 했다. 남양홍씨 문중과 협의 산정마을 앞 500년 수령의 노거수 은행나무 아래로 결정되었다. 비탈지고 큰길이 없어 장정들이 목도로 옮기는 방법뿐이었다.

비석이 있던 곳 어디에 긴 동굴, 비밀스런 출입문이 있고 홍진사 가족이 숨어 피난을 했다는 큰 굴이 있다는 전설이 전해진다. 새벽녘과 저녁놀 질 때면 시향골 숲속에서 밥 짓는 연기가 모락모락 피어올랐다는 이야기, 그 동굴 속엔 금은보화가 가득하여 찾는 사람은 벼락부자가 될 것 이라는 허무맹랑한 전설, 그걸 믿고 어린 시절 동무들과 동굴을 찾으러 벼루구석 절벽 바위산을 샅샅이 뒤진 기억들이 생생하다.

젊다는 이유로 비석을 옮기는 제일 나이 어린 목도꾼으로 뽑혔다. 비석은 머리 부문인 이수螭首, 비문이 새겨진 본체 비신碑身, 받침대 귀부龜趺로 나뉜다. 난향비는 귀부가 없이 바위에 세워져 있었다. 이수는 장정이 지게로 져 옮길 수 있으나 비신은 크고 무거워 장정들이 목도를 하여야 옮길 수 있었다. 비신은 가로 2자, 세로 4자 반, 두께 다섯 치, 무거운 흰 대리석이다. 비석의 전면에는 충비열녀 이성난향지려忠婢烈女 李姓蘭香之閭라 적혀 있다. 무게는 어림 잡아 약 300근은 넘어 보였다. 그렇게 어렵게 옮겨 은행나무 밑 암반 위에서 난향비는 40년 가까이 자리를 지켰다. 2010년 수몰로 인하여 또다시 이사를 하게 되었다. 노비, 관노비가 아닌 사노비의 비문이 벽촌에 400년 넘게 남아 있다는 것은 진귀한 일이다. 역사적 가치와 향토사적 자료로 값지다 할 것이다. 진안 역사박물관에서 보존하여야 마땅하나 행정과 남양홍씨 문중의 무관심 속에 상전면 망향의 동산 한쪽에 비루하게 자리 잡고 있는 꼴이 몹시 안타깝다.

정의가 사라진 난장판인 정치판을 바라보며 서로 반목과 배반 치기와 술수, 믿음과 신뢰가 사라진 세상, 난세를 살아가며 우리는 고뇌하고 절망한다. 일개 노비가 주인을 지키기 위하여 하나뿐인 귀중한 제 목숨을 잃어간 까닭은 무엇일까? 사람의 목숨은 고귀한 것, 사람이 사람을 살리고 죽인다. 난향은 일개 노비가 아니라 살신성인의 표상 진정한 성녀다. 현대 우리시대 대한민국에 충이란 덕목이 존재할까? 반문 해본다. 초라한 난향비 앞에서 충절이란 무엇인가 다시금 곰곰이 되새겨본다.

# 터일[垈一]

가히 살인적이다. 장마철이라는 기상대의 발표가 무색하게 연일 33C°~35C°를 웃돌며 전국이 찜통더위와 열대야가 계속되고 있다. 37년 전, 삼복의 내리쬐는 뙤약볕 아래 황토밭에서 나뒹굴며 땀과 진흙으로 뒤범벅이었다. 땀에 저린 허접한 훈련복은 하얗게 소금기로 지도를 그렸다. 지글지글 끓어오르는 태양의 복사열과 목마른 갈증에 혓바닥을 한자나 빼물고 헐떡거리는 복중 개처럼 탈진과 싸우고 있었다. 훈련장 옆, 희뿌연 논물을–배탈이 나건 말건 그건 나중의 일이었다. 벌컥 벌컥 마시던 일이 불현듯 떠오른다. 논산 훈련소에서 그해 한여름 물이 공기 다음으로 인간에게 가장 필요하다는 것을 절실하게 느꼈었다.

어린 시절 여름철 장마와 태풍이오면 시뻘건 흙탕물이 금강 강변을 며칠씩 넘쳐흘렀다. 금강 하구인 군산 앞바다에 무진장 늘어나는 커다란 고무풍선을 설치, 허비되는 물을 모아 두었다가 해마다 봄이 되면 찾아오는 극심한 가뭄에 이용하였으면 하는 허황되나 기발한(?) 생각을 하곤 했었다. 가뭄이 오면 논밭은 거북등처럼 쩍쩍 갈라지고 배배 꾄 작물들은 하늘만을 바라보며 비 오기를 소망하지 않았었던가. 타 죽어가는 작물을 보며 사람의 간장도 검게 타 샘과 도랑을 파고 높은 산에 올라 기우제를 지내며 하느님의 가호를 간절히 기다리곤 했었다.

내 고향은 금강 상류로 지금은 용담댐이 축조되어 수장된 곳이다. 수동리 터일[垈一] 마을, 이름 그대로 물과 집터로서는 으뜸이라는 곳이다. 샘이 깊어 물맛이 좋아 장수마을이었고 장맛과 술맛이 일품이라고 근동에서 알아주는 곳이었다. 친구네 주조장 막걸리는 호남에서 유명세가 톡톡했었다. 깊은 샘물 맛이 좋아 술맛이 일품이라 했었다. 실제로 마을 위 큰터골과 마을 아래 오류들에는 천연물탕이 있었다. 일 년 열두 달 상온 3~5C°를 유지하여 여름엔 땀띠와 더위를 식혀주는 노천 냉탕과 마을 공동 냉장고 역할을 톡톡히 했었다. 겨울엔 눈도 쌓이지 않고 얼음도 얼지 않아 천연 빨래터였었다. 용담댐이 축조되지 않았다면 그곳은 분명 생수회사가 되었을 것이다. 나는 정년 뒤 생수회사 설립을 계획하고 있었다. 이렇게 물맛 좋고 풍부한 곳에서 자란 나는 좋은 물을 사 먹는 줄을 몰랐었다. 주한 외국인들과 미군들이 우리나라 상수도를 식음수로 사용치 않고 알프스나 알래스카에서 빙하 얼음물을 가져다 먹는다는 이야기가 도무지 믿기지 않았었다.

산과 물 자연환경이 좋은 곳에서 태어나고 자란 사람이 건강하고 오래 산다는 것은 상식이다. 몸과 마음이 건강하면 생각이 건강하다. 우리는 양질의 깨끗한 물을 먹어야 한다. 물은 건강과 생명의 지름길이며 물 없인 단 하루도 살 수가 없다. 양질의 물을 먹기 위해선 환경을 잘 보호하고 관리하여야 한다. 생활하수의 철저한 관리, 오폐수의 불법 방류금지 및 정화활동이 이루어져야 한다. 낚시꾼들의 쓰레기 불법 투척행위, 등산객 캠핑족의 오물 무단방치, 이모든 잘못된 의식과 습관을 고쳐야 한다. 향상된 시민의식과 나 먼저 솔선하는 모범이 되어야 할 것이다. 환경 감시활동이 없어도 깨끗한 세상, 향상된 도덕의식이 넘쳐나는 세상을 만들자. 우리 후손들에게 청결한 자연을 물려주자.

생수산업이 날로 번창 확산되는 것은 지구 자연환경이 오염되고 썩어가 중병을 앓고 있다는 바로미터다. 좋은 물을 도시민에게 공급키 위하여 수장된 큰터골 오류들 물탕이 그립다.

이 세상 최고 최상의 집터, 전라북도 진안군 상전면 수동리 888번지 대일[垈一]마을과 옛 우리 집터가 그립다.

김재환 수필집

# 그곳엔 물레방아집은 없었네

인 쇄 2019년 5월 20일
발 행 2019년 5월 24일

**펴낸곳** 수필과비평사
**주 소** 서울시 종로구 삼일대로 32길 36, 301호(운현신화타워 빌딩)
**전 화** (02)3675-5633, (063)275-4000·0484·6374 **팩스** (063)274-3131
**이메일** essay321@hanmail.net, sina321@hanmail.net
**출판등록** 제300-2013-133호
**인쇄·제본** 신아출판사



ISBN 979-11-5933-218-0 03810

값 15,000원

이 도서의 국립중앙도서관 출판예정도서목록(CIP)은 서지정보유통지원시스템 홈페이지(http://seoji.nl.go.kr)와 국가자료공동목록시스템(http://www.nl.go.kr/kolisnet)에서 이용하실 수 있습니다. (CIP제어번호: CIP2019019432)

Printed in KOREA

※ 이 책의 발간비 일부는 지역문화예술육성지원사업의 지원을 받았습니다.